Leben.Lieben.Arbeiten **SYSTEMISCH BERATEN**

Herausgegeben von
Jochen Schweitzer und
Arist von Schlippe

Borghild Wicke-Schuldt

Dreiecksverhältnisse im Altenheim

Leitung zwischen Bewohnern, Mitarbeitern und Angehörigen

Mit 4 Abbildungen

Vandenhoeck & Ruprecht

Bibliografische Information der Deutschen Nationalbibliothek:
Die Deutsche Nationalbibliothek verzeichnet diese Publikation in der
Deutschen Nationalbibliografie; detaillierte bibliografische Daten sind
im Internet über https://dnb.de abrufbar.

© 2020, Vandenhoeck & Ruprecht GmbH & Co. KG,
Theaterstraße 13, D-37073 Göttingen
Alle Rechte vorbehalten. Das Werk und seine Teile sind urheberrechtlich
geschützt. Jede Verwertung in anderen als den gesetzlich zugelassenen Fällen
bedarf der vorherigen schriftlichen Einwilligung des Verlages.

Umschlagabbildung: biDaala_studio/Shutterstock.com

Satz: SchwabScantechnik, Göttingen
Druck und Bindung: ⊕ Hubert & Co. BuchPartner, Göttingen
Printed in the EU

Vandenhoeck & Ruprecht Verlage | www.vandenhoeck-ruprecht-verlage.com

ISSN 2625-6088
ISBN 978-3-525-40698-4

Inhalt

Zu dieser Buchreihe 7
Vorwort von Jochen Schweitzer 9
Einleitung 12

I Der Kontext

1 Die Senioren 16
  1.1 Die demografische Entwicklung in Deutschland 16
  1.2 Multimorbidität 18
  1.3 Demenz 23
  1.4 Kriegskinder im Seniorenheim 28
2 Die Mitarbeitenden 32
  2.1 Ausbildungen der Mitarbeitenden 32
  2.2 Multikulti in der Pflege 33
  2.3 Arbeitsbedingungen 37
  2.4 Pflegende Angehörige und Betreuungskräfte aus Osteuropa 44

II Systemisch leiten im Altenheim

3 Was bedeutet systemisch leiten? 48
4 Beziehung zu alten Menschen 50
5 Beratung von Mitarbeitenden 53
6 Beziehung zu Angehörigen 56
7 Beratung von Teams 59
8 Grundsätze für die Zusammenarbeit 63
9 Gemeinsame Organisationsentwicklung 68
10 Chefin werden – Chefin sein 72
11 Vernetzt denken und arbeiten 77

III Ausblick – Die Entwicklung im Pflegebereich

12 Privatisierung und internationale Konzerne 82
13 Personalbedarf steigt 87
14 Aufgaben der Politik 89
15 Aufgaben von Einrichtungsleitungen 91

IV Am Ende

Quellen 96
Literatur 96
Die Autorin 100

Zu dieser Buchreihe

Die Reihe »Leben. Lieben. Arbeiten: systemisch beraten« befasst sich mit Herausforderungen menschlicher Existenz und deren Bewältigung. In ihr geht es um Themen, an denen Menschen wachsen oder zerbrechen, zueinanderfinden oder sich entzweien und bei denen Menschen sich gegenseitig unterstützen oder einander das Leben schwermachen können. Manche dieser Herausforderungen (Leben.) haben mit unserer biologischen Existenz, unserem gelebten Leben zu tun, mit Geburt und Tod, Krankheit und Gesundheit, Schicksal und Lebensführung. Andere (Lieben.) betreffen unsere intimen Beziehungen, deren Anfang und deren Ende, Liebe und Hass, Fürsorge und Vernachlässigung, Bindung und Freiheit. Wiederum andere Herausforderungen (Arbeiten.) behandeln planvolle Tätigkeiten, zumeist in Organisationen, wo es um Erwerbsarbeit und ehrenamtliche Arbeit geht, um Struktur und Chaos, um Aufstieg und Abstieg, um Freud und Leid menschlicher Zusammenarbeit in ihren vielen Facetten.

Die Bände dieser Reihe beleuchten anschaulich und kompakt derartige ausgewählte Kontexte, in denen systemische Praxis hilfreich ist. Sie richten sich an Personen, die in ihrer Beratungstätigkeit mit jeweils spezifischen Herausforderungen konfrontiert sind, können aber auch für Betroffene hilfreich sein. Sie bieten Mittel zum Verständnis von Kontexten und geben Werkzeuge zu deren Bearbeitung an die Hand. Sie sind knapp, klar und gut verständlich geschrieben, allgemeine Überlegungen werden mit konkreten Fallbeispielen veranschaulicht und mögliche Wege »vom Problem zu Lösungen« werden skizziert. Auf unter 100 Buchseiten, mit etwas Glück an einem langen Abend oder einem kurzen Wochenende zu lesen, bieten sie zu dem jeweiligen lebensweltlichen Thema einen schnellen Überblick.

Die Buchreihe schließt an unsere Lehrbücher der systemischen Therapie und Beratung an. Unsere Bücher zum systemischen Grundlagenwissen (1996/2012) und zum störungsspezifischen Wissen (2006) fanden und finden weiterhin einen großen Leserkreis. Die aktuelle Reihe erkundet nun das kontextspezifische Wissen der systemischen Beratung. Es passt zu der unendlichen Vielfalt möglicher Kontexte, in denen sich »Leben. Lieben. Arbeiten« vollzieht, dass hier praxisbezogene kritische Analysen gesellschaftlicher Rahmenbedingungen ebenso willkommen sind wie Anregungen für individuelle und für kollektive Lösungswege. Um klinisch relevante Störungen, um systemische Theoriekonzepte und um spezifische beraterische Techniken geht es in diesen Bänden (nur) insoweit, als sie zum Verständnis und zur Bearbeitung der jeweiligen Herausforderungen bedeutsam sind.

Wir laden Sie als Leserin und Leser ein, uns bei diesen Exkursionen zu begleiten.

Jochen Schweitzer und Arist von Schlippe

Vorwort

Systemische Fachliteratur zur Arbeit mit Kindern und Jugendlichen gibt es reichlich, zur Arbeit mit alten Menschen hingegen selten. Dabei legt die Bevölkerungsentwicklung nahe, dass in den reichen Ländern dieser Erde künftig immer mehr alte und immer weniger junge Menschen zu betreuen sein werden.

Deshalb ist Altenpflege eine Zukunftsbranche und dieses Buch ein in die Zukunft von vielen von uns hineinleuchtendes. Denn viele von uns werden in ihren letzten Lebensmonaten oder -jahren gepflegt werden müssen, viele von uns auch außerhalb der eigenen Wohnung. Deshalb kann neben Personen, die eine Leitungsrolle in der Altenpflege anstreben oder innehaben, und denjenigen, die ihre Angehörigen zu Hause betreuen oder im Heim besuchen, dieses Buch mit Gewinn auch von allen gelesen werden, die sich mit ihrer eigenen Zukunft auseinandersetzen möchten.

»Dreiecksverhältnisse im Altenheim« – das klingt nach delikaten »Beziehungskisten«. Und so ist es auch. In diesem Buch geht es um das Dreieck zwischen den Bewohnern[1] von Alten- und Pflegeheimen, den sie versorgenden Mitarbeitern und den mit ihnen verbundenen Angehörigen. Dieses potenziell spannungsreiche Beziehungsdreieck erfordert eine kluge tägliche Koordination und langfristige Gestal-

---

[1] Die Formulierungen in diesem Buch wechseln willkürlich zwischen weiblicher und männlicher Form. Gemeint sind immer beide Geschlechter.

tung – eine Herausforderung für jede Heimleitung. Borghild Wicke-Schuldt beschreibt, wie die Gestaltung und Koordination dieses Dreiecksverhältnisses gelingen kann – und wie Konzepte der systemischen Beratung, Team- und Organisationsentwicklung dabei nützen können.

Das Buch besticht durch eine sorgfältige, datengesättigte Kontextanalyse der wichtigen Umwelten heutiger Alten- und Pflegeheime in Deutschland. Was für eine Generation von Menschen lebt derzeit dort? Wie zahlenmäßig groß ist sie, welche Zeitgeschichte liegt hinter ihr, welche körperlichen und geistigen Möglichkeiten und Einschränkungen bringen ihre Mitglieder mit? Auf was für Mitarbeiter trifft sie? Aus welchen Herkunftsländern kommen diese, mit welchen Ausbildungen und unter welchen Arbeitsbedingungen sind sie bei uns tätig? Das Buch weist darauf hin, dass die Mehrzahl pflegebedürftiger alter Menschen immer noch von ihren meist weiblichen Angehörigen oder zunehmend von Betreuerinnen aus Mittelosteuropa zu Hause gepflegt wird.

Im Hauptteil »Systemisch leiten« entfaltet die Autorin, konzeptionell klar und anschaulich beschrieben, die Quintessenzen aus 25 Jahren Leitungserfahrung. Sie berichtet über die Bewältigung und Auflösung alltäglicher Krisen von und mit Bewohnerinnen, Mitarbeitern, Angehörigen, über die Teamarbeit und Organisationsentwicklung und zeichnet ihren eigenen Weg in die Leitungsrolle nach. Die kommerzielle Entwicklung der Pflege zu einem lukrativen Pflegemarkt, auf dem international agierende Konzerne und Investmentgesellschaften sich in ungeahntem Ausmaß ausdehnen, wird im Ausblick deutlich. Es gibt aktuell und zukünftig Herausforderungen und Aufgaben, die von der Politik in diesem Bereich bewältigt werden müssen. Dazu ruft Wicke-Schuldt auf, um nicht zuletzt die Einrichtungsleitungen zu konsequenter Interessenvertretung aufzufordern: Alte Menschen sollten uns wichtig sein, wir werden alle einmal zu ihnen gehören.

Dass Altenheime oft nicht nur die letzte Station eines Menschenlebens sind, sondern auch Orte anrührender zwischenmenschlicher Begegnung, ist tröstlich, und überzeugend aus diesem Buch zu erfahren. In der würdevollen Begleitung von Menschen in ihrer letzten Lebensphase stecken besondere Glücksmomente. Wie solche Erlebnisse ermöglicht werden, dafür gibt das Buch zahlreiche Anregungen.

Jochen Schweitzer

Einleitung

Alten- und Pflegeheime sind wichtige Einrichtungen unserer Gesellschaft. Dieses Buch gibt Einblicke in diesen Bereich, der große Teile unserer Gesellschaft berührt: die alt gewordenen Menschen selbst, ihre Angehörigen, die Mitarbeitenden, die Einrichtungsleitungen, die Träger und Investoren. Wer hat nicht selbst einen pflegebedürftigen Angehörigen oder kennt Personen, die in der Pflege arbeiten?

Als langjährige Leiterin eines Altenheims gefällt mir der Titel »Dreiecksverhältnisse im Altenheim – Leitung zwischen Bewohnern, Mitarbeitern und Angehörigen«. In meinem Kopf generiert er das Bild einer Person, die im Dreieck springt. Einer Leitung, die ständig zwischen den verschiedenen Ecken hin und her läuft, die nie an einem Problem verweilen kann, weil ständig neue Anforderungen anrollen und Entscheidungen erzwingen. Im Dreieck springen, das ist ein treffendes Bild für eine Leitungskraft im Seniorenheim: keine Zeit zum Verweilen, keine Zeit zur Reflexion, keine Zeit für Konzepte, ständige Vorgaben von außen, ständige Anforderungen von Mitarbeitenden, Bewohnern, Angehörigen, Vorgesetzten, Trägern der Einrichtung, Anforderungen von Kontrolleinrichtungen wie Heimaufsicht, Feuerwehr, Wirtschaftskontrolldienst, Arbeitssicherheit, Hygiene, Medizinischer Dienst der Krankenkassen usw.

Trotz all dieser stressigen Situationen, die ständiges Reagieren der Leitung erforderlich machen, müssen die Bedürfnisse und Interessen der Bewohnerinnen und ihrer Angehörigen genauso wie auch die Interessen der Mitarbeitenden berücksichtigt werden. Eine gute Leitungskraft muss immer das Ziel im Auge behalten, dem die gemeinsame Arbeit zusammen mit den Beschäftigten der Einrichtung dient. Das wichtigste Ziel kann nicht »Gewinnmaximierung« oder »Digitalisierung« sein, sondern es muss ein soziales Ziel sein, das dem Interesse aller Beteiligten nach sinnhaftem Arbeiten entspricht und den hilfebedürftigen Senioren zugutekommt.

Dieses Buch beleuchtet den Kontext, in dem Leitungsarbeit in einer Senioreneinrichtung heute stattfindet. Es wurden aktuelle Informationen und wichtige Fragen zusammengestellt zu den Bereichen Senioren (Kapitel 1), Mitarbeiter (Kapitel 2) und Kommerzialisierung der Pflege (III Ausblick). In Kapitel II erzähle ich, wie ich als Diplompädagogin mit einer systemischen Ausbildung die Aufgaben der Leitung eines Altenheimes in vielen Jahren entwickelt habe. Ausführlicher ist dies in meinem Buch »Systemisch leiten im Sozial- und Gesundheitswesen« (Wicke-Schuldt, 2018b) dargestellt. Die Auszüge aus dem Buch und die Verwendung der Abbildungen erfolgen mit freundlicher Genehmigung des Kohlhammer Verlages.

Die Leitung hat die Aufgabe, die Beziehungen zwischen allen Menschen in einer Einrichtung zu beachten und zu pflegen sowie gute organisatorische und psychische Bedingungen zu schaffen, um den Beschäftigten zu ermöglichen, die Interessen der alten Menschen und ihrer Angehörigen aktiv zu gestalten.

Pflegebedürftige Menschen dürfen nicht den Profitinteressen international agierender Konzerne und Kapitalgesellschaften ausgeliefert werden. Die Politik muss bundesweit gute Rahmenbedingungen für die Pflegearbeit schaffen, damit dieser Beruf wieder attraktiv wird. Angesichts der großen gesellschaftlichen Probleme sind politisches Handeln und mutige Stellungnahmen von Leitungskräften im Interesse der Senioren und der Mitarbeitenden gefordert.

I

Der Kontext

1 Die Senioren

1.1 Die demografische Entwicklung in Deutschland

Früher kannte man für die deutsche Bevölkerung die Alterspyramide: Im Jahr 1950 waren 51 % unter 20 und 16 % über 65 Jahre alt. Heute gleicht das Schaubild einem Pilz. Seit 2006 gibt es mehr Deutsche über 65 als unter 20. Mit den nachlassenden demografischen Auswirkungen des Zweiten Weltkrieges steigt mittlerweile der Anteil der Männer an den Hochbetagten (27 % im Jahr 2000, 36 % im Jahr 2016). Der Geburtenrückgang im Zuge der Verbreitung der Antibabypille ab der zweiten Hälfte der 1960er Jahre bewirkte, dass seit 1972 jedes Jahr weniger Kinder geboren wurden als Menschen starben.

Die Anzahl der ab 65-Jährigen wird besonders deutlich in den kommenden Jahrzehnten bis zum Jahr 2036 wachsen. Bei einer kontinuierlichen demografischen Entwicklung wird sie 2037 in Deutschland gut 23,5 Millionen Personen umfassen und damit um etwa 36 % höher sein als im Jahr 2015 (17,3 Millionen). Zwischen 2036 und 2060 wird die Größe dieser Altersgruppe – trotz einer voraussichtlich sinkenden Zahl der Gesamtbevölkerung – fast unverändert bleiben. Die Zahl der ab 80-Jährigen wird bis 2050 fast kontinuierlich zunehmen. Um 2050 wird sie ihr höchstes Niveau mit knapp 10 Millionen Personen erreichen und damit mehr als doppelt so groß sein wie im Jahr 2015 (4,7 Millionen Menschen). Auch ist die *Lebenserwartung* in höheren Altersjahren in den letzten Jahrzehnten stark gestiegen. Bei beiden Geschlechtern gehen die Sterblichkeitsentwicklungen systematisch vom hohen Alter in ein noch höheres Alter über. Im Jahr 1960 erreichten 20 % der Frauen und 15 % der Männer, die den 80. Geburtstag feiern konnten, das Alter von 90 Jahren. 40 Jahre später waren es 45 % der Frauen und 30 % der Männer. Der Anteil derer, die sogar das 100. Lebensjahr erreichen, hat sich stetig vervielfacht und wird voraussichtlich auch in Zukunft weiter ansteigen. 2060 sind im Vergleich zu heute zwölfmal mehr Menschen im Alter ab 100 Jahren zu erwarten, bei der Altersklasse der 90- bis 99-Jährigen wird sich die Anzahl um den Faktor 7 vergrößern.

Wer sehr lange lebt, unterliegt mit steigender Lebensdauer verstärkt Risiken körperlicher und kognitiver Einschränkungen und Erkrankungen. Es liegen bei diesen Personen oft mehrere Krankheiten (Multimorbidität) vor. Generell bleiben ältere Menschen heute zwar länger gesund und ihr Wohlbefinden hat sich erhöht, und auch künftig ist zu erwarten, dass die gesunden Lebensjahre und die behinderungsfreie Lebenserwartung zunehmen werden, da gleichzeitig jedoch mehr Menschen ein höheres Alter erreichen, wird es voraussichtlich mehr Pflegebedürftige geben. Bereits der Vergleich der Jahre 2001 und 2015 lässt eine steigende Lebenserwartung erkennen, die auf einer Zunahme der Lebenszeit sowohl innerhalb als auch außerhalb der Pflege hinweist. Der größte absolute Zuwachs an Lebensjahren erfolgt bei beiden Geschlechtern außerhalb der Pflege, die relative Zunahme ist bei der Pflegedauer besonders hoch. Gleichzeitig wird sich das *Geburtendefizit* erheblich vergrößern. Im Jahr 2060 werden 17 % unter 20 Jahre alt sein und 31 % 65 Jahre oder älter. Im Erwerbsalter wird sich dann nur etwa die Hälfte der Bevölkerung (52 %) befinden.

Die aktuelle Altersstruktur führt dazu, dass in Deutschland ab Mitte der 2020er Jahre immer mehr Menschen im *Rentenalter* verhältnismäßig schwach besetzten Jahrgängen im *Erwerbsalter* gegenüberstehen. Im Jahr 2030 werden die Angehörigen des Jahrgangs 1964, des geburtenstärksten Jahrgangs der Nachkriegszeit, 66 Jahre alt: Die Babyboomer gehen in Rente. Von diesen Veränderungen, d. h. dieser Verschiebung bei den Erwerbstätigen, werden viele Lebensbereiche betroffen sein. Die Veränderungen sind jetzt bereits spürbar und werden in den nächsten zwei Jahrzehnten eine große Aufgabe darstellen. Wirtschaft und soziale Sicherungssysteme stehen wegen der künftigen Bevölkerungsentwicklung in Deutschland – trotz Zuwanderung und Geburtenanstieg der letzten Jahre – vor großen Herausforderungen.

1.2 Multimorbidität

Die demografische Alterung geht mit der Zunahme chronischer Krankheiten einher. Die meisten Senioren in Pflegeeinrichtungen sind multimorbid. Multimorbidität wird im Allgemeinen als das Vorliegen von mindestens drei chronischen Erkrankungen definiert. Sie ist eine besondere Problematik und eine Herausforderung sowohl für den Patienten als auch für Ärzte, Apothekerinnen und Pflegepersonal. Die einzelnen Krankheiten könnten sich gegenseitig beeinflussen oder verstärken. Damit sind Einbußen an unabhängiger Lebensführung, Selbstbestimmung und Lebensqualität verbunden. Die Schmerzen durch Krankheiten des Muskel- und Skelettsystems gehen oft einher mit Herz- und Kreislauferkrankungen, chronischen Erkrankungen der Atemwege oder Diabetes. Hinzu kommen psychische Erkrankungen wie Depression, aber auch hirnorganische Veränderungen und demenzielle Entwicklungen. Die Krankheitsfolgen und Funktionseinschränkungen bedingen sich oft gegenseitig, und die für die jeweilige Krankheit erforderlichen Medikamente wirken in komplexer Weise miteinander.

Multimorbide Patienten sind sehr heterogen bezüglich der Kombinationen von Krankheiten, deren Schweregrad und Folgen sowie der Versorgung. Die wissenschaftliche Fachgesellschaft für Allgemeinmedizin und Familienmedizin e. V. (DEGAM) hat *Leitlinien* erarbeitet, die ein angemessenes, aufgabengerechtes Handeln im Rahmen hausärztlicher bzw. allgemeinmedizinischer Grundversorgung bei Multimorbidität beschreiben. Diese Leitlinien wurden im Februar 2017 veröffentlicht (DEGAM, 2017).

Die DEGAM S3 Leitlinie Nr. 20 »Multimorbidität« (DEGAM, 2017) enthält konkrete Handlungsanweisungen und Tools für Hausärzte. Angehörige, Pflegekräfte und Heimleitungen können diese Leitlinie dazu nutzen, um mit dem Hausarzt zu beraten, wie die für die betroffenen Menschen optimale Behandlung aussehen soll und welche Ziele damit verfolgt werden.

»Das Ziel der Leitlinie ist, einerseits ausreichend allgemein zu bleiben, um der Vielfalt und Heterogenität gerecht zu werden und andererseits hilfreiche Hinweise und Empfehlungen für den Einzelfall zu geben. Letztlich geht es auch darum, den Betroffenen zu ermöglichen, ein Leben mit guter Qualität zu führen und sich dabei trotz der vielen Diagnosen möglichst wenig krank zu fühlen« (DEGAM, 2017, S. 8).

Medikamente
Die Patienten sind oft bei mehreren Ärztinnen in Behandlung, auch die Zahl der Krankenhausaufenthalte steigt mit der Zahl der Erkrankungen. Zudem bedingen viele chronische Krankheiten wiederum viele verschiedene Medikamente, was wiederum negativ auf die Gesundheit der Betroffenen wirkt. Viele von ihnen nehmen fünf oder mehr Arzneimittel dauerhaft ein. 6 bis 17 % aller Krankenhauseinweisungen von Menschen über 65 Jahren sind auf Arzneimittelnebenwirkungen zurückzuführen, 70 bis 90 % dieser Nebenwirkungen wären jedoch vermeidbar (Quelle: Pharmazeutische Zeitung, Ausgabe 23/2013). Die individuelle Medikamentenliste einzelner Personen enthält meist kontraindizierte oder überflüssige Arzneimittel oder Medikamente gegen die Nebenwirkungen eines ande-

ren Arzneimittels. Die Medikamentenlisten vieler Pflegeheimbewohnerinnen sind umfangreich, und das Medikamentenrichten und -verabreichen ist eine zeitraubende Arbeit der Fachkräfte, die die Zusammenarbeit mit den Ärztinnen und Apotheken einschließt. Häufig ist die Schmerzmedikation unzureichend. Die Körperzusammensetzung ist im Alter verändert und daher auch die Verträglichkeit und Wirksamkeit der Arzneistoffe. Spätestens, wenn fünf Medikamente gleichzeitig eingenommen werden müssen, lässt die therapeutisch beabsichtigte Wirkung erheblich nach. Für die Patientin bedeutet das eine niedrige Lebensqualität sowie eine erhöhte Sterblichkeit.

Zeit für Gespräche

Studien zeigen, dass Hausärzte tendenziell eher die Behandlung solcher Krankheiten, die die Prognose beeinflussen, fokussieren. Aber für Patientinnen sind ihre Beschwerden und Symptome vorrangig, insbesondere, wenn es sich um akute Beschwerden handelt und eine Behinderung oder der Verlust von Autonomie und Teilhabe am sozialen Leben drohen. Eine patientenzentrierte Versorgung von Personen mit Multimorbidität und daraus resultierenden komplexen Problemlagen setzt ausreichend Zeit für die intensive Arzt-Patienten-Kommunikation und gemeinsame Entscheidungsfindung voraus. Ärztinnen stehen unter einem hohen systembedingten Druck und können diese Zeit nur bedingt bereitstellen.

Psychische Faktoren

Patienten mit chronischen körperlichen Erkrankungen leiden häufig gleichzeitig auch an psychischen Beeinträchtigungen, zumeist an Depressionen oder Demenz. Chronische Erkrankungen können zu Depressionen führen. Gleichzeitig ist eine Depression ein Risikofaktor für spätere chronische Erkrankungen. Die medikamentösen Therapien werden aufgrund der zunehmenden Risiken von Interaktionen komplexer. Mit dem Fortschreiten von Multimorbidität können sich Syndrome entwickeln, wie zum Beispiel Immobilität, Inkontinenz und Schlaflosigkeit, die man den Grundkrankheiten nicht mehr zurechnen kann oder über diese nicht beeinflussbar sind. Zu beachten ist, dass neben Alter und Geschlecht auch soziale Faktoren (Deprivation, Ressourcen, Resilienz) eine wichtige Rolle für die Gesundheit spielen. Körperliche und psychische Faktoren und auch psychische Störungen stehen in einem engen Zusammenhang.

Lebensqualität und subjektive Gesundheit

Mehrfacherkrankte Patienten haben durchschnittlich eine schlechtere Lebensqualität, sind stärker psychisch belastet und haben häufiger depressive Symptome. Dabei tragen psychische Störungen ebenso wie somatische Konditionen zu verschlechterten Zuständen und Funktionseinschränkungen bei. Chronische Rückenschmerzen, Arthrose, Einschränkungen des Sehvermögens und Erkrankungen des Herz-Kreislaufsystems können die Lebensqualität besonders stark reduzieren.

Chronische Schmerzprobleme

Chronische Schmerzprobleme treten bei einer großen Anzahl von Patientinnen mit Multimorbidität auf, beeinträchtigen ihr emotionales Wohlbefinden und sind häufig mit depressiven Symptomen verbunden. Insbesondere ältere Frauen sind besonders häufig davon betroffen. Es gibt Belege dafür, dass chronische Schmerzprobleme bei mehrfacherkrankten Patienten das Risiko für Stürze, Angststörungen und kognitive Dysfunktion sowie für Einschränkungen der Funktionalität erhöhen. Ursächlich liegen häufiger multiple schmerzverursachende Erkrankungen vor, sodass sich ein wirksames Schmerzmanagement oft schwierig gestaltet. Erschwerend kommt hinzu, dass Analgetika insbesondere im Alter (und bei bestimmten Begleiterkrankungen) durch erhöhte Risiken für unerwünschte Effekte problematisch sein können. Aufgrund der komplexen Auswirkungen chronischer Schmerzen auf das Wohlbefinden und alle Bereiche von sozialer, emotionaler, psychischer und physischer Funktionalität ist ein adäquates Schmerzmanagement jedoch unerlässlich. (Haus-)Ärztinnen unterschätzen die bestehenden Schmerzprobleme ihrer mehrfacherkrankten Patienten oft deutlich.

Therapieziele

»Unter den möglichen Therapiezielen wird von multimorbiden Patienten vor allem der Erhalt von Mobilität und kognitiver Funktionsfähigkeit priorisiert, beide zusammen ermöglichen Autonomie (›Lebensziele eigenständig erreichen‹) und Teilhabe am gesellschaftlichen Leben. Danach rangiert die Behandlung akuter und chronischer Symptome, darunter besonders gefürchtet Sehverlust, Verlust der Schreibfähigkeit und Harn- und Stuhlinkontinenz. Die Reduktion der Anzahl einzunehmender Medikamente wird ebenfalls als Therapieziel formuliert« (DEGAM, 2017, S. 21).

Beratung und Aufklärung

Grundlage für Beratung und Aufklärung ist das ärztliche Gespräch. Die bekannten Bedingungen einer gelungenen Kommunikation stammen aus ärztlichen und psychotherapeutischen Settings. Mit den unterschiedlichen Methoden der Psychotherapie hat auch die systemische Beratung ihren Einzug in das Gespräch mit Patientinnen gehalten. In der Allgemeinmedizin sind systemische Konzepte dennoch nur in Ansätzen beobachtbar und noch nicht dauerhaft integriert. Dieses gilt umso mehr im Umgang mit multimorbiden, d. h. in der Regel älteren Patienten. Hinweise zu Gesprächen und Beratungen mit multimorbiden Patienten sind in der genannten Referenzliteratur nicht zu finden.

Jeder multimorbide Patient muss individuell behandelt werden. Wichtig sind dabei auch seine Prioritäten und Ziele. Bei einer eingeschränkten Lebenserwartung ist es beispielsweise vorrangig, seine Symptome zu lindern. Hat er hingegen eine höhere Lebenserwartung, könnten auch längerfristige oder präventive Therapien zum Einsatz kommen. Ärztin und Patient sollten sich jedoch bewusst sein, dass sich oft nicht alle gewünschten Ergebnisse gleichzeitig realisieren lassen.

1.3 Demenz

Derzeit leben in Deutschland etwa 1,7 Millionen Menschen mit Demenz. Zwei Drittel der Betroffenen werden von ihren An- und Zugehörigen in ihrem häuslichen Umfeld versorgt; ein Drittel wohnt in Pflegeheimen. Der Anteil der Heimbewohnerinnen mit Demenz steigt ebenfalls und liegt inzwischen bei rund 70 %. Demenzkranke im fortgeschrittenen Stadium der Erkrankung sind heute die bestimmende Bewohnergruppe in den Pflegeeinrichtungen.

2018 hat der Medizinische Dienst der Krankenversicherung (MDK) bei über einem Drittel der Versicherten (35,2 %, 320.000 Versicherte), die erstmals einen Antrag auf einen Pflegegrad gestellt haben, erhebliche Beeinträchtigungen ihrer kognitiven und kommunikativen Fähigkeiten festgestellt. Bei den Erstantragstellern, die ambulant versorgt wurden, betrug der Anteil der Menschen mit Demenz ein Drittel (33,2 %), bei den in der stationären Pflege befindlichen und den in ein Pflegeheim umziehenden Menschen mit Demenz fast zwei Drittel (62,3 %). Demenz und andere gerontopsychiatrische Krankheiten sind demnach die häufigsten Ursachen für den Umzug ins Pflegeheim. Unter anderem dadurch ist die Arbeitsbelastung für Pflegekräfte stark gestiegen.

Menschen mit Demenz sind durch ihre Erkrankung darauf angewiesen, dass Pflegekräfte Zeit für sie haben. Sie brauchen vor allem gut geschultes Personal, viel Kontakt, Geduld und Anregung. Bei der Begleitung, Pflege und Therapie kommt es darauf an, sich auf die Lebensgeschichte des Betroffenen einzulassen. Es geht darum, eine Beziehung aufzubauen und jenseits aller Fachlichkeit eine mitfühlende Haltung gegenüber dem Menschen mit Demenz zu entwickeln. Dazu gehören das Training von kognitiven Funktionen und Alltagsaktivitäten sowie Verfahren zur Beziehungsgestaltung und körperlichen Aktivierung (MDS, 2019).

Das große Vergessen durch eine irreversible demenzielle Erkrankung wie bei Alzheimer ist ein langer Prozess und geschieht allmählich. Die Krankheit des Gedächtnisses bewegt sich in einem dynamischen Auf und Ab, wobei die Tendenz abwärts ist. Aber es kommen immer wieder erstaunliche Erinnerungen, auch kluge Einschätzungen, zum Vorschein. Besonders hilfreich ist Musik, die durch Melodien und Lieder aktivierende Wirkung hat. Auch wenn der Verstand zurückgeht und die Erinnerung schwindet, so ist der Mensch auf emotionale Weise gut ansprechbar und reagiert mit allen ihm zur Verfügung stehenden Emotionen. Vernunft und Logik, wie wir sie kennen, spielen keine Rolle mehr, aber der emotionale Gehalt der Worte berührt die Menschen trotz schwerer Demenz. In ihrem Gehirn verarbeitet das limbische System alle Emotionen. Sie fühlen mit. Sie spüren die Unruhe, Stress und Hektik des Personals, der Angehörigen. Sie genießen Zuwendung, Ruhe, Ausgeglichenheit, Freundlichkeit. Sie spiegeln die Emotionen aus ihrer Umgebung.

Für den professionellen Umgang mit demenzkranken Menschen gibt es hilfreiche Bücher und Handlungsanweisungen, die auch in der Pflegeausbildung vermittelt werden. Klassiker sind die Methode der Validation von Naomi Feil und Vicki de Klerk-Rubin (2017), der personenzentrierte Ansatz von Tom Kitwood (2013) und die Ideen von Erwin Böhm (2004) in seinem Buch »Verwirrt nicht die Verwirrten«. Einen breiten und aktuellen Überblick gibt »Die Demenzfibel – Demenz verstehen und richtig handeln« von Brigitte Leicher und Britta Becker (2013). Einen emotionalen Einblick in die inneren Vorgänge der Erkrankten geben Zeugnisse und Bücher von betroffenen Angehörigen. Arno Geiger (2012) hat ein berührendes Buch über seinen Vater geschrieben: »Der alte König in seinem Exil«. Die Krankheit löst langsam dessen Erinnerung und Orientierung in der Gegenwart auf. In scheinbar sinnlosen und oft poetischen Sätzen entdeckt der Sohn, dass es trotz der Demenzkrankheit in der Person des Vaters noch Charme, Witz, Selbstbewusstsein und Würde gibt. Das Leben ist immer noch lebenswert.

Anke Mühlig (2014) findet mit ihrem Buch »Minutenbunt – Fluch und Gnade des großen Vergessens« einen Zugang für das emotionale Verständnis der inneren Vorgänge bei Demenz. Die Autorin und Künstlerin hat die Erkrankung ihrer Mutter in einem wunderschön gestalteten Buch mit Texten, Gedichten und den Fotografien ihrer inhaltlich passenden textilen Arbeiten veröffentlicht. Die Gedichte beschreiben innere Zustände und das emotionale Erleben der demenziell Erkrankten. Sie lassen die Leserschaft in verschiedene Phasen einer Demenzentwicklung eintauchen, wie sie bei allen Betroffenen zu beobachten sind. Der Perspektivenwechsel ermöglicht Verstehen und Empathie auf emotionaler Ebene. Die Verwendung der drei Gedichte erfolgt hier mit freundlichem Einverständnis von Anke Mühlig.

Die Erinnerung ist da, aber sie ist nicht mehr greifbar. Sie kommt portionsweise, und durch Auslöser kann man auf sie zugreifen:

Erinnerungsschübe
Irgendwo in dir finden sich Räume
Geordneter Schübe Voller Erinnerungen.
Aus den Schubkästen
Quellen lebendige Bilder, Gerüche, Geräusche und Worte.

Wenn du mir erzählst,
balancieren wir auf einem Lichtstrahl in der Dunkelheit.
Andere Schubfächer weisen dich ab.
Die Zeit hat sie spinnwebfein versiegelt.

Und sie wispern in die Stille:
»Öffne mich nicht,
mein Feuer würde dich verbrennen.«

(Mühlig, 2014, S. 17)

Zeitlich desorientiert – ein Anzeichen für Demenz:

Verborgene Zeit
Tage tauschen heimlich ihre Namen.
Monate täuschen mit irrigen Ritualen.
Jahreszeiten kündigen ihre Ordnung.
Und Ziffern verblassen zu Spuren auf dem Blatt.

Ich bin verstoßen
Aus eurer Zeit.

Mir geschenkt sind
Lichte Augenblicke,
aus dem Kontinuum gefallen
Momente der Ewigkeit

(Mühlig, 2014, S. 57)

Das Vergessen, das Nichtfinden von Begriffen und Wörtern, macht den Demenzkranken zum ständig Suchenden. Die Begriffe treffen nicht mehr die richtigen Wörter, die Verständigung mit anderen Menschen wird immer schwieriger:

Wortleer
IchsuchedieWortedieWorte
ineurerSprachedieWorte
ichsuchedieWortederSprache
imDunkelimDunkel
erhaschedasNebenwort
WortnahamWort
Da
Entgleitetmir
derGedanke

leer

(Mühlig, 2014, S. 41)

1.4 Kriegskinder im Seniorenheim[2]

Was sind Kriegskinder?

Die Geburtenjahrgänge 1930 bis 1945 sind als Kinder und Jugendliche besonders belastet worden. Je kleiner sie waren, als die Katastrophe des Zweiten Weltkrieges über sie hereinbrach, umso gravierender sind bei ihnen die Spätfolgen der damaligen Erlebnisse. In der Altersgruppe derer, die in den 1940er Jahren geboren wurden und sich kaum oder gar nicht an das Kriegsgeschehen erinnern können, werden heute die größten Beeinträchtigungen sichtbar. Diese Jahrgänge sind heute in ein Alter gekommen, in dem sie die Vergangenheit gleich zweifach einholt. Zum einen liegt das an neurophysiologischen Prozessen: Im Alter erinnern wir uns plötzlich wieder an Erlebnisse, die längst verschüttet waren. Zum anderen ist das Alter eine Lebensphase, in der alles, was jahrzehntelang Halt gegeben hatte, die Familie, der Beruf, langsam wegbricht. Und dann fällt auch die mentale Abwehr in sich zusammen. Viele Menschen klagen, vor allem über wiederkehrende Depressionen, unerklärliche Schmerzen oder Panikattacken. Da ihre Ängste nicht von Bildern der Kriegsschrecken begleitet werden und es auch in ihren Träumen keinerlei Hinweise dafür gibt, kommen sie nicht auf die Idee, sie könnten von Kriegserlebnissen belastet sein. Heute weiß man, dass ein erheblicher Teil der älteren Patienten unter Kriegstraumata leidet. Ein Drittel jener Menschen, die ihre Kindheit und Jugend im Krieg verbrachten, ist noch heute von den Spätfolgen belastet.

In der Altenpflege muss man sich diesem Thema stellen. Die Heimleitung kann den Blick auf die Kriegskindheit bereits im Einzugsge-

---

[2] Der Abschnitt besteht aus leicht veränderten Auszügen aus meinem Artikel in Altenheim 3/2019 (Wicke-Schuldt, 2019a).

spräch vorbereiten. Das Thema Kriegskindheit muss einen Platz bei den Fallbesprechungen im Team haben und sensibel in der Biografiearbeit behandelt werden.

Was ist in den Kriegsjahren in Deutschland passiert, was mussten Kinder erleben?
- Familien ohne Väter bzw. mit Soldatenvätern (nur bei Heimaturlaub in der Familie anwesend),
- Bombenangriffe auf Städte und Dörfer, auf Verkehrswege, Bahnhöfe,
- gezielte Angriffe auf zivile Männer, Frauen und Kinder,
- Zerstörung der Häuser und Wohnungen im Bombenfeuer, Erleben von Phosphorbomben und Feuersturm,
- Evakuierung der Frauen und Kinder aus den Städten aufs Land,
- Einquartierung bei fremden Leuten,
- Flüchtlingsströme aus Pommern, Schlesien, Ostpreußen, Tschechoslowakei, Serbien etc.,
- Lagerleben, Einquartierung, Flucht und Suche nach Nahrung und nach einer Unterkunft.

Während des Krieges nahmen fünf bis zehn Millionen Menschen an Evakuierungen teil, diese dauerten von wenigen Wochen bis zu zwei Jahren. Bei Kriegsende war halb Deutschland auf der Straße unterwegs: verlumpt, arm, hungrig, krank, auf der Suche nach Verwandten, zwischen den Besatzungszonen hin und hergeschoben. Zwei Millionen Kinder und Jugendliche, die aus Sicherheitsgründen durch die Kinderlandverschickung irgendwo fern ihres Zuhauses untergebracht wurden, befanden sich bei Kriegsende auf den Straßen und versuchten, nach Hause zurückzukommen. Sie mussten sich allein durchschlagen und ihre Familie suchen, die es oft nicht mehr gab. Die provisorischen Massenunterkünfte waren ein Horror, es gab kaum Essen und keine sanitären Anlagen. »Hamstern« war bis 1947 notwendig, um nicht zu verhungern. Die Städter fuhren dazu mit der Eisenbahn aufs Land und tauschten bei Bauern Sachwerte gegen Naturalien ein, abgeerntete Kartoffeläcker wurden von Hungernden nach übersehenen Knollen abgesucht. Erst die Währungsreform beendete in Deutschland 1948 die prekäre Versorgungslage.

»Eine Statistik von 1950 verzeichnet:
- 3 Millionen Gefallene,
- 2 Millionen Vermisste,
- 2 Millionen Kriegsversehrte, davon 500.000 Schwereramputierte,
- 2 Millionen Heimkehrer aus der Kriegsgefangenschaft«

(Bode, 2012, S. 46).

Die Männer litten besonders unter dem Hunger, zudem waren viele von ihnen durch schreckliche Kriegsereignisse körperlich und seelisch krank. Das führte zu cholerischen Ausbrüchen, auch zu Sadismus, Übergriffen und Missbrauch, und es gab in hohem Maße Morde an Kindern (Bode, 2012).

Welche Verhaltensweisen zeigen Kriegskinder im Alter?

Für die Gefühle eines traurigen Kindes hatten die Erwachsenen damals keine Zeit, keinen Raum und keine Energie. Also lernte das Kind, seine traurigen Gefühle und seine Ängste in sich zu verschließen, tapfer und ruhig zu sein und zu funktionieren. Viele Kriegskinder haben kein gut ausgebildetes emotionales System, kein starkes Nervensystem und nur wenig Selbstbewusstsein. Sie haben nicht die Fähigkeit, ihre Gefühle wahrzunehmen und zu zeigen. Trotzdem haben diese Menschen ihr Leben gemeistert und im Alltag irgendwie funktioniert. Rückblickend waren sie eine tüchtige, fürsorgliche, unauffällige Generation. Im Alter jedoch kommt die Erinnerung an ihre schwierige Kindheit und Jugend hoch. Das ist die Chance zum Bearbeiten der erlittenen Traumen.

In den Kriegskindern steckt viel Trauer, die nicht ausgelebt werden konnte. Diese Menschen sind häufig geprägt von dem Gefühl des Verlustes. Sie sind immer zu kurz gekommen, hatten keine glückliche Kindheit. Sie sind vielfach grundsätzlich nicht zufrieden und wollen im Alter einfordern, was ihnen entgangen ist. Das Gefühl von Ohnmacht kompensieren sie durch das Ausleben von Macht und Kontrolle über andere Menschen, Herrisch-Sein. Der Verlust von Angehörigen, die Halt im Leben gaben, wird von diesen Menschen besonders stark empfunden. Nach dem Tod des Partners oder eines Elternteils ziehen sie sich häufig vollständig zurück. Sie wollen allein sein und sind schwer zu gemeinschaftlichen Aktivitäten zu motivieren. Die seelischen Belastungen in der Kindheit schlagen sich in körperlichen Erkrankungen nieder.

Körperliche Erkrankungen	Negative Verhaltensweisen
– Depressionen	– schwache Nerven, nicht belastbar
– Ängste	– unzufrieden sein
– Blutdruckschwankungen	– anspruchsvoll sein
– chronische Schmerzen	– alles kontrollieren wollen
– Magen-Darm-Erkrankungen	– Macht über andere ausüben
– Herz-Kreislauf-Erkrankungen	– sozialer Rückzug
– Asthma	– Isolation

Die Aufgabe der Mitarbeitenden

Mitarbeitende, die ihre Senioren glücklich, dankbar, aktiv und zufrieden sehen wollen, können dies bei vielen Menschen der Kriegsjahrgänge nicht erreichen. Es liegt an den Ereignissen der Geschichte, dass so manche Senioren einfach nicht zufrieden sind. Mitarbeitende sollten sich dafür also nicht die Schuld geben und in Selbstzweifel fallen. Die Aufgabe der Pflegenden und Betreuenden ist es, den Senioren eine gute und zuverlässige menschliche Beziehung zu bieten, sodass sich diese jetzt, im Alter, sicher aufgehoben fühlen. Sie sollten offen und interessiert an den Kindheitserlebnissen im Kriege sein, ohne den Senioren dieses Thema aufzudrängen. Eine gut geführte Einrichtung kann den Kriegskinderjahrgängen ein Stück Geborgenheit geben, das ihnen in der Kindheit verloren gegangen war. Viele Senioren können das gefühlsmäßig allerdings oft nicht bestätigen, weil sie in dieser Hinsicht emotional geschädigt sind.

2 Die Mitarbeitenden

2.1 Ausbildungen der Mitarbeitenden

Alle zwei Jahre erhebt das Statistische Bundesamt eine Menge von Daten und Zahlen über die Altenpflege. Die letzte veröffentlichte Erhebung ist vom 15. Dezember 2017 (Statistisches Bundesamt, 2018):

Insgesamt sind in Pflegeheimen 764.648 Personen beschäftigt. In der stationären Pflege arbeiten ausgebildete Pflegekräfte wie staatlich anerkannte Altenpfleger (177.978), staatlich anerkannte Altenpflegehelfer (51.808), Gesundheits- und Krankenpfleger (50.740), Krankenpflegehelfer (17.198), Kinderkrankenpfleger (3.475), Heilerziehungspfleger (2.570), Heilerziehungspflegehelfer (459), Heilpädagogen (299), Ergotherapeuten (7.140), Physiotherapeuten (928) und Beschäftigte mit einem sonstigen Abschluss im Bereich Heilberufe (2.088). Hinzu kommen Sozialarbeiter/Sozialpädagogen (6.926), Familienpfleger (920), Dorfhelfer mit staatlichem Abschluss (115). Es gibt Mitarbeitende mit einem pflegewissenschaftlichen Studium (3.444) und in sonstigen pflegerischen Berufen (72.887). Es gibt die hauswirtschaftlichen Mitarbeiter mit Berufsabschluss (39.281), Menschen mit einem anderen Berufsabschluss (188.326) und ohne Berufsabschluss (85.831). Hinzu kommen Auszubildende und Umschüler (52.295). Das Personal in Pflegeheimen ist zu 83,7 % weiblich, und fast die Hälfte der Belegschaften ist über 50 Jahre alt (42,7 %). Auffallend niedrig ist der Anteil an Vollzeitkräften von 28,9 % in der stationären Pflege (764.648 insgesamt, davon 220.958) und von 28,1 % in der ambulanten Pflege (das sind von 390.322 Personen nur 109.657). Nicht einmal jeder Dritte arbeitet Vollzeit. In Teilzeit mit über 50 % der Wochenarbeitszeit arbeiten 36,6 bzw. 41 % der Mitarbeitenden. Mit weniger als einem Halbtagsjob arbeiten noch 32 % (ambulant) und 22,5 % (stationär).

Im Januar 2020 trat das Pflegeberufereformgesetz in Kraft. Es führt die verschiedenen Ausbildungen für Altenpflege, Gesundheits- und Krankenpflege sowie Kinderkrankenpflege zusammen und bietet eine generalistische Ausbildung zur Pflegefachfrau oder zum Pflegefachmann. Im dritten Jahr kann ein Vertiefungsjahr gewählt werden und damit eine Spezialisierung auf die Alten- oder Kinderkrankenpflege. Im Anschluss an die Ausbildung soll dann die weitere Spezialisierung auf die beruflichen Handlungsfelder durch Fort- und Weiterbildungen erfolgen.

2.2 Multikulti in der Pflege

Im Pflegebereich wird die globalisierte Arbeitswelt besonders sichtbar. Bereits seit den 1990er Jahren ist der Pflegebereich international. Er ist durch die Aufnahme der Spätaussiedler aus Russland, der deutschstämmigen Rumänen, der Menschen aus der nach Osten erweiterten EU und der Balkanflüchtlinge ebenso wie durch Geflüchtete aus Iran/Irak zu einem Multikulti-Arbeitsbereich geworden.

Nach Erkenntnissen der Bundesregierung hat sich die Zahl der Pflegenden aus dem Ausland seit 2013 bis 2019 fast verdoppelt von 6,6 % auf 13,2 %. Im Jahr 2013 hatte die Zahl noch bei 74.000 sozialversicherungspflichtig Beschäftigten und 5.300 geringfügig Beschäftigten gelegen. Demnach stammt die Hälfte der ausländischen Pflegekräfte (66.000) aus einem anderen EU-Mitgliedsstaat. 18.000 Pflegende kommen aus Balkanländern, knapp 7.000 aus osteuropäischen Drittstaaten und 3.500 aus Asylherkunftsländern. Heute werden vermehrt Geflüchtete aus den Kriegsgebieten des Nahen Ostens und aus Afrika in der Seniorenbetreuung ausgebildet. Damit spielen auch die psychischen Probleme traumatisierter Fachkräfte auf ihrem Arbeitsplatz eine für alle belastende Rolle, und nicht immer ist die sofortige erfolgreiche Eingliederung in das Arbeitsleben möglich: »Die Integration ausländischer Mitarbeiterinnen ist ein langer Prozess des gegenseitigen Kennenlernens und der Begegnung mit neuen Kulturen. Er setzt Offenheit und Neugier sowohl von Seiten der Vorgesetzten und des bereits bestehenden Teams als auch der neu hinzugekommenen ausländischen Mitarbeiter voraus. Führungskräfte müssen besonders kultursensibel sein und sich einmischen, damit es gelingt, dass ausländische Mitarbeiterinnen Teil des Teams werden« (Wicke-Schuldt, 2018b, S. 224). Missverständnisse müssen aufgeklärt, Probleme besprochen werden. Die Leitung muss das Ziel verfolgen, dass die neuen ausländischen Mitarbeiterinnen von den Kolleginnen unterstützt werden, sich in unsere Arbeitskultur einzufinden und Teil des Teams zu werden. Ihre Aufgabe ist Aufklärung, Streit schlichten und Probleme lösen. Nur mit Verständnis und Geduld aller Beteiligter kann der manchmal langwierige und schwierige Integrationsprozess von Menschen aus anderen Kulturen gelingen.

Aber die Praxis zeigt, dass die Integration von Kolleginnen und Kollegen aus anderen Ländern und Kulturen in der Altenpflege völlig normal ist. Hier ein Beispiel von einer Pflegestation mit Daten, die ich bereits im Jahr 2012 ausgewertet hatte:

»60 % aller auf der Station tätigen Mitarbeiter sind im Ausland geboren und aufgewachsen. Schaut man nur die Mitarbeiter im Pflegeteam an, so sind dies sogar 70 %. In diesem Bereich arbeiten 29 Menschen aus 14 verschiedenen Ländern! Diese Menschen kommen aus Osteuropa, aus Asien, aus Südamerika, aus Afrika, also aus allen Erdteilen. Ihre kulturelle Sozialisation ist so unterschiedlich wie die Länder, aus denen sie kommen: ihre Kultur, ihre Sprache, ihre Feste, ihre Musik, ihr Essen, ihre Religion. Alle miteinander betreuen sie auf der Pflegestation einer Einrichtung bis zu 26 alte Menschen, von denen über die Hälfte Schwerstpflegebedürftige in der höchsten Pflegestufe sind« (Wicke-Schuldt, 2018b, S. 229).

Was können wir von ausländischen Kolleginnen lernen?

Kolleginnen aus anderen Kulturkreisen pflegen oft eine respektvollere Haltung gegenüber alten Menschen, als wir das in Deutschland kennen. Sie gehen trotz sprachlicher Hindernisse sehr freundlich und herzlich mit den Senioren um. Obwohl die meisten Bewohner unter Demenz leiden, spüren diese die freundlichen Emotionen. Manche Bewohnerinnen können ausländische Mitarbeiter sprachlich korrigieren und sind froh, ihnen damit helfen zu können.

Es ist eine große Integrationsleistung aller Beteiligten, wenn die Beschäftigten in einem multikulturellen Team gut zusammenarbeiten: »Die Kolleginnen und Kollegen, die sich von einem anderen Land aufgemacht haben, um bei uns in Deutschland zu arbeiten und zu leben, die bereit sind, unsere Sprache zu lernen und unsere Kultur kennenzulernen und zu pflegen, sind für unsere Gesellschaft wertvolle Kollegen und Freunde geworden. Dass sie aus einem anderen Kulturkreis kommen, hat man im Alltag eigentlich schon vergessen. Aber wenn jemand sein traditionelles Gebäck oder Essen ins Team mitbringt, dann merkt man die Vielfalt wieder« (Wicke-Schuldt, 2018b, S. 230).

Die Vielfalt der Kulturen ergibt ein buntes Bild mit vielen Ideen. Gemeinsame Fortbildungen und Besprechungen dienen dem ganzen Team zum einheitlichen Handeln. Die ausländischen Kolleginnen verdienen Respekt und Anerkennung dafür, dass sie in unserem Land mit uns und für uns arbeiten. Sie haben sehr viel Neues gelernt: die Sprache, die Ausbildung und unsere Kultur. Sie müssen ausgesprochen flexibel sein und eigene Traditionen und Einstellungen hintanstellen. Ihnen wird dadurch sehr viel mehr Leistung und Bereitschaft zur Flexibilität abverlangt als den Menschen aus unserem Land. Umso wichtiger ist es, diese Tatsachen den Führungskräften genauso wie dem ganzen Team immer wieder bewusst zu machen.

Wenn wir uns über Sitten und Gebräuche unterhalten, erfahren wir viele bemerkenswerte Dinge, die zum Teil in anderen religiösen Bräuchen begründet sind. »Dieser Austausch relativiert unsere eigenen Traditionen und Bräuche und schützt uns vor Überheblichkeit gegenüber Menschen aus anderen Kulturen« (Wicke-Schuldt, 2018b, S. 231).

Konflikte im Team aufgrund unterschiedlicher Kulturen

Es ist natürlich wichtig, dass die Mitarbeitenden aus anderen Ländern unsere Vorgaben und Regeln annehmen und umsetzen. Wenn kulturelle Einstellungen und wichtige Lebenserfahrungen der Mitarbeiter dagegen stehen, sind Konflikte meist nicht kurzfristig lösbar. Die Leitungskräfte sind ständig gefordert, Missverständnisse aufzuklären, Streit zu schlichten, darauf zu achten, dass die Kollegen fair miteinander umgehen und Verständnis für die speziellen Probleme von Kolleginnen aus fremden Kulturen aufbringen. Man sollte die Frage »Warum?« stellen und sich über die Lebenserfahrungen und die Einstellungen in dem Herkunftsland unterhalten. So kann man in der Beachtung der Unterschiede den Weg ebnen für eine Annahme unserer Regeln.

2.3 Arbeitsbedingungen

Arbeitsbelastung

Der Pflegebereich zeichnet sich durch Schichtarbeit aus: Früh-, Spät- und Nachtdienste, Arbeit an Wochenenden und Feiertagen. Dies allein bedeutet schon eine hohe körperliche und seelische Belastung, die einhergeht mit drastischen Einschränkungen bei der Freizeitgestaltung und bei sozialen Kontakten. Eine im September 2018 in Berlin vorgestellte Erhebung des Deutschen Gewerkschaftsbunds (DGB) zeigt, dass sich viele Pflegekräfte in Deutschland durch Überlastung, Dauerstress und geringe Bezahlung ausgezehrt fühlen.[3]

Hohe Verantwortung

Fachkräfte haben im Pflegebereich eine hohe Verantwortung. Sie müssen die Pflege jedes Menschen nach genauen Vorgaben durch den MDK fachgerecht planen, die Ausführung der Pflege durch Pflegehelferinnen oder schlecht ausgebildete Hilfskräfte beaufsichtigen oder die Behandlungspflege ausführen und die Pflegedokumentation führen. Die Pflegefachkräfte machen die Behandlungspflege am Menschen sowie die Pflegeplanung und Dokumentation am Computer. Ihre Arbeit wird kontrolliert vom Medizinischen Dienst der

---

3 Vgl. auch Antwort der Bundesregierung auf die kleine Anfrage der Fraktion Die Linke zu Arbeitsbedingungen in der Altenpflege 02.02.18. http://dip21.bundestag.de/dip21/btd/19/006/1900608.pdf.

Krankenversicherung (MDK), Heimleitung (HL), Pflegedienstleitung (PDL), der Stationsleitung und natürlich von den Angehörigen. Behandlungsfehler dürfen nicht passieren. Die ständig wachsenden bürokratischen Anforderungen sollen die Qualität der Pflege sichern. Das Paradoxe ist, dass Pflegekräfte dadurch viel weniger Zeit haben, das zu tun, was sie als Kern ihrer Arbeit verstehen: die Beziehungspflege zu den Menschen. Die Frage nach dem Sinn der Pflege wird immer drängender, angesichts der sich ausweitenden Dokumentationspflicht, der Digitalisierung, des Pflegens nach Modulen und Minuten wie am Fließband. Wo bleibt bei solchen Schwerpunktsetzungen die Zuwendung zum Menschen? Darunter leiden viele Pflegende. Die Aufgabe der Betreuung wird von der Pflege formal abgetrennt und auf andere Mitarbeitende und kurz angelernte Hilfskräfte verlagert. Die ganzheitliche Sicht auf den alten Menschen wird so zerstört und die persönliche Zuwendung auf viele Personen verteilt. Viele Pflegekräfte gehen aus Frust über diese Entwicklung nach wenigen Jahren wieder aus dem Beruf heraus.

Geringe Bezahlung

Angesichts der hohen Verantwortung ist die Bezahlung im Pflegebereich völlig unangemessen. 30 % der aus dem Pflegeberuf vorzeitig ausgeschiedenen Personen nennen eine bessere Bezahlung als einen von vier wichtigen Gründen für eine mögliche Rückkehr in diesen Beruf. Die meisten Pflegehelfer und Hilfskräfte arbeiten für Löhne am Existenzminimum. Bezeichnend ist, dass Pflege, insbesondere die Altenpflege, zu über 80 % weiblich ist und hier der Gedanke des »Dienens« noch immer weiter verbreitet ist als der des »Kämpfens«. Entsprechend schwach ist der gewerkschaftliche Organisationsgrad im Pflegebereich, und höhere Tarife müssen mit der Gewerkschaft durchgesetzt werden.

»Zwar sind die Entgelte in der Altenpflege (Stichtag: 31.12.2017) gegenüber 2012 um 15 % gestiegen, doch verdienen Fachkräfte in der Altenpflege mit einem mittleren Lohn von 2.744 Euro 14,5 % weniger als die Beschäftigten insgesamt. Das mittlere Bruttoentgelt der Fachkräfte in der Altenpflege liegt in Ostdeutschland mit 2.356 Euro knapp 17,5 % unter demjenigen in Westdeutschland mit 2.855 Euro.

Eine nicht minder wichtige Rolle spielt, ob die Pflegekräfte in Krankenhäusern oder in der Stationären bzw. Ambulanten Pflege beschäftigt sind. Für alle vier betrachteten Pflegeberufe (Fach- und Helferberufe) gilt, dass sie in Krankenhäusern die höchsten Entgelte erzielen, in der ambulanten Pflege die niedrigsten« (Quelle: ALTENHEIM, 13.12.18).

Teilzeitarbeit

Die Arbeitsbelastung in der Pflege ist so hoch, dass nur noch ein kleiner Teil der Pflegefachkräfte in Vollzeit arbeitet, weniger als 30 %. Die meisten arbeiten trotz geringer Entlohnung in Teilzeit. Das Arbeitsleben ist bestimmt von geregelter Schichtarbeit, hinzu kommt im »Notfall« geteilter Dienst (morgens und nachmittags antreten!). Die Freizeit wiederum ist davon dominiert, dass die Teilzeitmitarbeiter ständig gebeten werden, für kranke Kolleginnen einzuspringen. Es gibt kaum eine verlässliche Freizeit, da der Krankenstand in der Pflege sehr hoch und der vorgegebene Personalschlüssel zu niedrig ist.

Geringer Personalschlüssel

Die Personalbemessung ist aktuell anhand der Pflegegrade vorgegeben. Die Berechnung des Personalschlüssels ist eine Wissenschaft für sich. Die Vorgaben zum Personalschlüssel in Pflegeheimen sind knapp bemessen. Sie wären vielleicht dann akzeptabel, wenn zahlreiche Mitarbeitende nicht häufig durch Krankheit ausfallen würden und wenn alle freien Stellen immer belegt werden könnten. Dies ist nicht der Fall. So verschärft sich der Druck auf das Pflegepersonal weiter.

In einer Petition zum Pflegeschlüssel vom 20.04.2017 wird die Situation beschrieben:

»Oft muss eine examinierte Fachkraft tagsüber bis zu 30 Patienten/Bewohner alleine versorgen. Mit der Unterstützung von Praktikanten und ungelernten Hilfskräften im Bereich der Altenpflege, aber diese ersetzen keine vollwertige Fachkraft. Oft ist es auch so, dass die Fachkraft in der Altenpflege ›Fachaufsicht‹ über mehrere Wohnbereiche hat. Ich kenne Fälle in denen eine Fachkraft im Pflegeheim bis zu 65 Bewohner zu beaufsichtigen hatte. Nachts ist eine examinierte Fachkraft oft alleine für bis zu 80 Patienten/Bewohner (nach neusten Studien von Bienstein sogar für noch mehr Bewohner) zuständig.

Besonders im geriatrischen Bereich ist nachts besonders viel los. Demente Menschen sind häufig nachtaktiv und laufen herum. Dann muss die Pflegekraft aufpassen, dass diese Patienten/Bewohner nicht weglaufen oder andere Dinge tun, durch die sie zu Schaden kommen könnten. Sie erinnern sich – diese Pflegekraft ist alleine. Sie muss alle ihre Aufgaben erledigen und sich zeitgleich noch um die aktuellen Belange ihrer Schützlinge kümmern, im Bereich der Altenpflege, jedoch bleibt sie bis zu einer Größe von ca. 50 Bewohnern lt. den gesetzlichen Vorschriften alleine. Ihrer Ansicht nach ist dies eine ausreichende Betreuung!« (Open Petition, 2017).

Der MDK, der Medizinische Dienst der Krankenversicherung, wurde vom Gesetzgeber zu einer großen Kontrollorganisation für die Pflegeheime ausgeweitet. Er bietet vielen Tausend Pflegefachkräften Arbeitsplätze mit geregelten Arbeitszeiten, ohne Schicht- und Wochenendarbeit. Diese »privilegierten« Fachkräfte kontrollieren die Heime, in denen sie als Pflegefachkräfte dringend benötigt wären!

Krankheiten

Im Vergleich zu anderen Berufsgruppen sind Menschen in Pflegeberufen überdurchschnittlich oft und auch länger krankgeschrieben: Kranken- und Altenpflegekräfte fallen im Schnitt jährlich für rund 23 Tage krankheitsbedingt aus. Das sind acht Tage mehr als in der Vergleichsgruppe aller Beschäftigten. Die Berufstätigen speziell in der Altenpflege haben mit einem Krankenstand von 6,94 % höhere Fehlzeiten als ihre Kolleginnen in der Krankenpflege mit 6,02 %. Beide Ergebnisse liegen deutlich über dem Durchschnitt aller Berufstätigen von 4,09 %. Das zeigt der aktuelle Gesundheitsreport der TK 2019 »Pflegefall Pflegebranche? So geht's Deutschlands Pflegekräften«.

»Dieser Trend ist seit Jahren zu beobachten. Auch wenn die Fehltage generell zugenommen haben, liegen die Werte für Kranken- und Altenpflegeberufe klar über den durchschnittlichen Vergleichszahlen in anderen Berufen«, erklärt Dr. Thomas Grobe, aQua-Institut für angewandte Qualitätsförderung und Forschung im Gesundheitswesen. Pflege geht auf Psyche und Kreuz: Besonders viele Fehltage in den Pflegeberufen gehen auf das Konto von psychischen Störungen und Krankheiten des Bewegungsapparats. Während berufsübergreifend jeder Beschäftigte durchschnittlich 2,47 Tage letztes Jahr aufgrund einer psychischen Diagnose krankgeschrieben war, beliefen sich die Fehltage in den Pflegeberufen auf durchschnittlich 4,63 Tage. Das sind rund 87 % mehr. Aufgrund von Muskelskeletterkrankungen fehlte jeder Beschäftigte letztes Jahr 2,61 Tage. Bei den Menschen in Pflegeberufen waren es mit 4,78 Tagen 83 % mehr. Eine weitere Auffälligkeit: Männer und Frauen in Gesundheitsberufen haben unterschiedliche Belastungsschwerpunkte.

Männer in Pflegeberufen haben fast 2,5-mal mehr Fehltage aufgrund von psychischen Erkrankungen als die männliche Vergleichsgruppe. Auch bei der Verschreibung von Arzneimitteln liegen die Pflegekräfte vorn. So erhalten Altenpflegekräfte mit 314 Tagesdosen pro Kopf 28 % mehr Medikamente als der Durchschnitt der Berufstätigen (244 Tagesdosen). Krankenpflegekräfte erhalten im Schnitt 278 Tagesdosen, das sind 14 % mehr. Neben Medikamenten gegen Bluthochdruck und Magensäureblockern werden Menschen in Pflegeberufen im Vergleich zu den Berufstätigen insgesamt erheblich größere Mengen an Arzneimitteln zur Behandlung des Nervensystems verschrieben – insbesondere den Männern. Männer in Pflegeberufen erhalten fast doppel so viele Antidepressiva (21 Tagesdosen) als andere berufstätige Männer insgesamt (11 Tagesdosen). Frauen in Pflegeberufen bekamen 2019 23 Tagesdosen Antidepressiva pro Kopf verschrieben, das sind 32 % mehr als der Durchschnitt berufstätiger Frauen (17 Tagesdosen).

> Diese Studie der Techniker Krankenkasse belegt es: Das berufliche Umfeld im Pflegeberuf macht die Beschäftigten in erhöhtem Maße krank. Die Bedingungen, unter denen Pflege gemacht werden muss, ruinieren die Gesundheit der Pflegenden. Sie vermehren Stress und Ängste und fördern Mobbing.

Mobbing[4]

Unter Mobbing versteht man den Angriff auf die Würde und die seelische und körperliche Integrität einer Person durch verletzende Gesten, Worte und Handlungen, die über einen längeren Zeitraum andauern und das Ziel haben, den Mitarbeiter in einem vergifteten Arbeitsklima zur Aufgabe seines Arbeitsplatzes zu zwingen. Mobbing macht körperlich und seelisch krank. Die Rahmenbedingungen in der Pflege führen zu mehr Mobbing als in anderen Berufsgruppen.

Während 12,5 % aller Arbeitnehmer angaben, mal gemobbt worden zu sein, sind es bei den Pflegekräften über 20 %. Und während

---

4 Vgl. Wicke-Schuldt, 2018b, 2017a.

29 % aller Arbeitnehmer beobachtet haben, wie ein Kollege regelmäßig gemobbt wurde, sind es in der Pflege ganze 50 %.[5] Der Mobbingreport Deutschland aus dem Jahr 2002 bestätigt eine hohe Quote in den Pflegeberufen.

Die Nähe der Pflegenden zu den Pflegebedürftigen bedeutet auch Nähe zu ihren Leiden, Schicksalsschlägen oder ihrer Hilfsbedürftigkeit. Emotionale Überforderung ist häufig das Resultat, das wiederum Mobbing begünstigt. Der Personalmangel und die hohe Verantwortung des Berufs sind für die seelische Belastung eine gefährliche Kombination. Weitere Faktoren, die diese ungünstig beeinflussen, sind eine unklare Arbeitsorganisation, Intransparenz von Entscheidungen und inkompetente Führungskräfte, die Mobbing zulassen und selbst Mobbing betreiben. Das sind 50 % aller angezeigten Mobbingfälle.

Arbeitsunfälle

Die Anzahl der gemeldeten Arbeitsunfälle von Beschäftigten in Gesundheits- und Pflegeberufen ist in den vergangenen Jahren um fast die Hälfte gestiegen (49,9 %). Das geht aus einer Antwort der Bundesregierung auf eine kleine Anfrage der Fraktion Die Linke hervor.[6] Die Zahl der gemeldeten Arbeits- und Wegeunfälle in der Berufsgruppe stieg zwischen 2007 und 2017 von 74.321 auf 111.432, meldet der Evangelische Pressedienst. Im gleichen Zeitraum sank die Gesamtzahl der bei den Versicherungsträgern und Berufsgenossenschaften gemeldeten Arbeitsunfälle in allen Branchen um 5,5 % auf rund 1,06 Millionen. Die Kosten für Entschädigungsleistungen

---

5   Ifak Universität Halle 16.09.2008. https://www.ifak.com/neuigkeiten/jeder-achte-beschaeftigte-leidet-unter-mobbing/.
6   Antwort der Bundesregierung auf die kleine Anfrage der Fraktion Die Linke zu Entschädigung bei Arbeitsunfällen 28.11.2018. http://dip21.bundestag.de/dip21/btd/19/061/1906188.pdf.

wie Rehabilitation und finanzielle Kompensation stiegen den Daten zufolge in der Gesundheits- und Pflegebranche von rund 288 Millionen Euro im Jahr 2007 auf rund 520 Millionen Euro im Jahr 2017. Das ist ein Zuwachs von 80 %.[7]

Frühzeitige Rente

Viele Pflegekräfte zweifeln an ihrer künftigen Arbeitsfähigkeit: Eine Umfrage im Auftrag des Fachverbands der betrieblichen Krankenversicherungen (BKK) unter 2.000 Beschäftigten in Deutschland zum Thema Gesundheit und Arbeit zeigt eine überdurchschnittliche Einschränkung der Arbeitsfähigkeit insbesondere bei Beschäftigten in Gesundheitsberufen. Rund ein Drittel (35,8 %) der Altenpfleger haben Zweifel oder hielten es gar für unwahrscheinlich, dass sie – ausgehend von ihrem jetzigen Gesundheitszustand – ihre Arbeit auch in den nächsten zwei Jahren ausüben können. Keine andere Berufsgruppe zweifelte in so hohem Maße, die nächsten beiden Jahre noch ihrer Arbeit nachgehen zu können. Laut einer Auswertung der Techniker Krankenkasse haben Altenpflegekräfte ein doppelt so hohes Risiko, erwerbs- oder berufsunfähig zu werden, wie andere Berufsgruppen.

2.4 Pflegende Angehörige und Betreuungskräfte aus Osteuropa

Die professionellen Pflegekräfte haben über vier Millionen Kolleginnen, die als pflegende Angehörige in der häuslichen Pflege ebenso in hohem Maße an ihre körperlichen und psychischen Grenzen sto-

---

7 Vgl. Millich, N. (2018). Immer mehr Pflegende betroffen. BibliomedPflege – Das Portal für die Pflege (05.12.2018). Zugriff am 19.06.2020 unter https://www.bibliomed-pflege.de/news/37000-immer-mehr-pflegende-betroffen.

ßen. Sie sind zu 90 % weiblich und zwischen 45 und 70 Jahre alt. Im Durchschnitt beansprucht die Pflege eines Angehörigen im häuslichen Umfeld neun Stunden täglich. Diese Gruppe wird in der Öffentlichkeit allerdings kaum wahrgenommen und bekommt zu wenig Unterstützung und finanzielle Anerkennung.

Eine weitere völlig unauffällige Gruppe sind die Frauen aus Osteuropa, welche in Deutschland die häusliche Betreuung alter Menschen übernehmen. Es gibt keine offiziellen Zahlen über die Größe dieser Gruppe. Knapp jeder zehnte Pflegehaushalt in Deutschland beschäftigt eine Pflegehilfskraft, die häufig mit im Haushalt lebt und dort legal oder illegal beschäftigt ist. Schätzungsweise bis zu 600.000 Frauen aus dem osteuropäischen Ausland helfen jeweils im Wechsel von drei Monaten in deutschen Haushalten aus.[8] Die meisten kommen aus Polen, Litauen, Ungarn oder der Ukraine. Rund ein Viertel davon wird über Agenturen nach Deutschland vermittelt (Barthel, 2017; Charleston Holding, 2018).

---

8   Badische Neueste Nachrichten am 20.03.2020.

Systemisch leiten
im Altenheim

3 Was bedeutet systemisch leiten?

Nach Abschluss meiner Zusatzausbildung als Familientherapeutin »landete« ich als Leiterin in einem Altenheim eines öffentlich-rechtlichen Trägers. Zuvor war ich bereits als Sozialpädagogin in der offenen Altenarbeit und in der ambulanten Betreuung tätig. Systemisch arbeiten bedeutet in erster Linie, Beziehungen zu gestalten. Die Grundlagen für die Pflege guter Beziehungen zwischen Leitung, Mitarbeitenden und Bewohnern habe ich hier zusammengefasst. Es sind Grundsätze, die ich als Leiterin einer Senioreneinrichtung entwickelt und angewendet habe.

Grundlagen für die Pflege guter Beziehungen zwischen Leitung, Mitarbeitenden und Bewohnern[9]
Wie in einer Familie sind auch in einem Betrieb Menschen miteinander in Beziehungen.
- Die Veränderung bei einer Person im System bewirkt Veränderungen bei den anderen beteiligten Personen.
- Als Leitungskraft kann man Fragestellungen und therapeutische Methoden aus der systemischen Beratung und Therapie lernen und anwenden.
- Die Leitungskraft muss sich immer ihrer *jeweiligen Rolle* bewusst sein und diese Rolle transparent machen.
- Die Leitungskraft gibt eine positive Sicht auf jeden einzelnen Menschen vor und bestärkt seine guten Eigenschaften und seine Fähigkeiten. So wird sie für die Mitarbeiterinnen zum Vorbild für eine positive Sicht der Dinge.
- Dabei ist die *Selbstreflexion* unentbehrlich. Die Leitungskraft muss sich ständig selbst infrage stellen und ihre Haltung überprüfen.

---

9 Leicht veränderter Ausschnitt aus Wicke-Schuldt, 2018b (S. 43 f.).

Sie muss ihre eigenen Vorurteile kritisch beleuchten und offen sein für andere Menschen.
- In der Einrichtung kann eine Leitungskraft die Mitarbeiter im täglichen Kontakt und als persönliches Vorbild darin *schulen,* die Zusammenhänge zwischen dem Verhalten Einzelner und ihrer Wirkung auf das Ganze zu sehen sowie in Vernetzungen zu denken.
- Entscheidend ist eine *Haltung des Respekts und der Wertschätzung*, die jedem der Beteiligten im System des Unternehmens entgegengebracht wird. Das sind in erster Linie die Mitarbeiter und die Bewohner bzw. Kunden. Die positive Haltung wird von allen Mitarbeitenden ebenso gegenüber den Gästen, den Besuchern, den Lieferanten und allen weiteren Personen ausgestrahlt.
- Die Führungskraft sorgt für das *positive und kreative Klima*, in dem sich die Mitarbeitenden wohlfühlen und sich gern engagieren, wo sie ihre Ideen einbringen und Fähigkeiten entwickeln können. Dazu gehören gute Arbeitsbedingungen, ein ständiger Informationsfluss und die Schulung *aller* Mitarbeiterinnen. Gerade die Mitarbeiterinnen ohne Ausbildung sind für Informationen und Weiterbildung dankbar. Sie werden mit ihren Fähigkeiten und Kenntnissen ebenso geschätzt wie die Menschen mit Fachausbildung.
- Die Leitungskraft geht von der *Eigenverantwortlichkeit der Mitarbeitenden* aus. Sie sind die Experten in ihrem Arbeitsgebiet. Treten Probleme auf, muss nicht die Vorgesetzte die Lösung finden, sondern sie muss den Weg zu einer Lösung öffnen und sich dabei auf die Kompetenzen der Mitarbeiter stützen, die jeweils für ihren Bereich die besten Lösungswege und Möglichkeiten kennen.
- Entscheidend ist, dass die Leitungskraft die eigene Vision und die *übergeordnete Zielsetzung* für das Unternehmen stets im Auge behält und die Mitarbeitenden dafür durch ihr eigenes Handeln begeistert, sodass ein *Wir* für die gemeinsame Zielsetzung entsteht. Dies ist die wichtigste Aufgabe einer Leitung.

4 Beziehung zu alten Menschen

Beim Umgang mit Senioren in einer Einrichtung muss man diesen das Gefühl geben, dass sie selbst noch souverän und Herr/Frau ihrer Lage sind. Man sollte sie nicht zu Entscheidungen zwingen. Menschen mit demenzieller Erkrankung sind ebenso respektvoll zu behandeln wie alle anderen Menschen.

Alte Menschen geraten schnell in Konflikt miteinander. Oft liegt das daran, dass sie nicht mehr richtig sehen oder nicht hören können (siehe Abbildung 1). Schon denken sie, Frau M. hat sie nicht gegrüßt oder nicht angeschaut, und sind gekränkt.

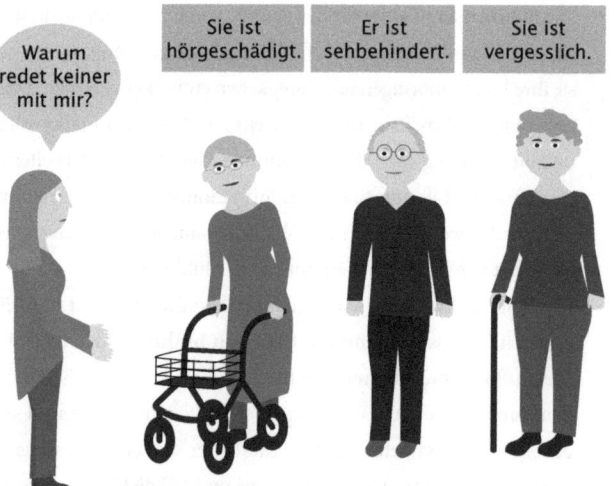

Abbildung 1: Konfliktursachen im Alter (Wicke-Schuldt, 2018b, S. 44)

Wenn ich von solchen zwischenmenschlichen Problemen höre, kann ich sie schnell aus dem Weg räumen, indem ich erkläre, dass Menschen bestimmte Einschränkungen in ihrer Wahrnehmung haben.

Die Mitarbeitenden sollten als Streitschlichter wirken und darin geschult werden, die Kommunikation unter den Bewohnerinnen durch Aufklärung und motivierende Ansprache zu fördern. Würde man die durch vielerlei Krankheiten eingeschränkten Personen sich selbst überlassen, zögen die meisten sich einsam zurück. Erst durch die Anteilnahme von Personal und Leitung können Beziehungen der Bewohnerinnen untereinander gestiftet und gehalten werden. Wie das im konkreten Fall aussehen kann, zeigt das folgende Fallbeispiel. In ihm geht es darum, sich Gedanken über die Motive der Gesprächspartnerin zu machen und die Perspektive zu wechseln. So kann man dem anderen Menschen mit Respekt und Achtung begegnen und kommt zu neuen Lösungen.

Fallbeispiel: Alltagsgegenstand mit Symbolwirkung[10]

Frau Webel[11] zog als Bewohnerin in das von mir geleitete Altenheim neu ein. Sie bekam ein kleines Zimmer, zu dem eine gegenüberliegende Abstellkammer gehörte. Ihren sechstürigen Kleiderschrank wollte sie mitbringen und ihn gegenüber des Bettes in ihr kleines Zimmer stellen. Ich schlug ihr vor, diesen breiten Kleiderschrank doch lieber in ihrer Abstellkammer, die über dem Flur war, aufzubauen. Dort war ausreichend Platz, und er passte da wunderbar an die eine Wand. Nein, Frau Webel wollte ihren Schrank im Zimmer aufstellen. Sie begründete ihren Wunsch damit, dass sie ihren Schrank immer sehen wolle, auch wenn sie im Bett liege. Das Problem war, dass der Kleiderschrank 3,40 Meter breit war und das Zimmer nur 3,20 Meter Länge aufwies. Aber Frau Webel wollte nicht von ihrer Idee abrücken, ihren Schrank im Zimmer aufzustellen. Ich

---
10 Das Fallbeispiel ist eine leicht modifizierte Fassung aus Wicke-Schuldt, 2018b (S. 45 f.).
11 Die Fallbeispiele wurden anonymisiert, alle Namen sind geändert.

besuchte sie deshalb noch einmal mit der Maßstabzeichnung ihres Zimmers, zeigte ihr seine nicht ausreichende Breite. Dennoch: Die Unmöglichkeit ihres Vorhabens ging nicht in ihren Kopf. Sie wurde auch noch böse auf mich, weil der Schrank nicht in ihr Zimmer passen sollte. Ratlos zog ich mich zurück.

Tage später kam die Dame der Bewohnervertretung in mein Büro und bat mich: »Reden Sie doch noch einmal mit Frau Webel!« Ich dachte mir: Okay, diese Frau möchte ein Erfolgserlebnis haben und der Mitbewohnerin berichten, dass sie zumindest einen Termin bei der Heimleiterin bewirkt habe. Aus Respekt vor ihr sagte ich ihr ein Gespräch mit Frau Webel zu, ohne jedoch eine Vorstellung zu haben, was dieses erneute Gespräch zum Problem Kleiderschrank denn nutzen sollte.

Aber dann musste ich mir dazu etwas überlegen: Wenn Frau Webel so schlau war, dass sie sogar den Heimbeirat mit diesem Wunsch beauftragte, muss der Kleiderschrank eine ganz wichtige Bedeutung für sie haben. Diese muss sogar über der eigentlich nachvollziehbaren Logik stehen, dass der Schrank im Zimmer keinen Platz hat. Also rief ich am nächsten Tag Frau Webel zu mir ins Büro und unterhielt mich mit ihr über ihren Schrank.

Die entscheidende Frage war: »Frau Webel, welche Bedeutung hat denn dieser Schrank eigentlich für Sie?« Und da sprudelte es nur so aus ihr raus: Der Schrank war eine Erinnerung an ihr erfolgreiches Arbeitsleben als Verkäuferin in einem Möbelgeschäft in der Nähe ihres Heimatdorfes. Sie hatte ihn von ihrem eigenen Gehalt gekauft und in ihrem Haus im Flur aufgestellt. Sie wollte diese wichtige Erinnerung auch weiterhin immer vor Augen haben, deshalb sollte er im Zimmer sein. »Nun verstehe ich Ihren Wunsch«, sagte ich ihr. Und wir unterhielten uns weiter über ihre Arbeit als erfolgreiche Möbelverkäuferin, die ihr großen Spaß gemacht hatte. »Aber da ist ja noch ein echtes Problem«, wies ich sie hin: »Dummerweise ist der Schrank 20 Zentimeter zu breit für Ihr Zimmer. Wollen Sie ihn vielleicht absägen auf fünf Türen?« Nein, das kam überhaupt nicht infrage.

Am nächsten Tag präsentierte mir Frau Webel ihre Lösung: »Ich habe meinen Sohn gebeten, den Kleiderschrank nun in der Kammer aufzustellen.« Ungläubig fragte ich noch mal nach, ob sie sich das nun auch gut überlegt hätte. »Ja«, sagte sie, »das geht jetzt in Ordnung.«

Durch das Gespräch über die besondere Bedeutung des Möbelstückes hatte sich die Einstellung der Bewohnerin zu ihrem Schrank verändert. Danach konnte sie ihn freigeben, aus den Augen lassen und in die Kammer stellen. Sie hatte nun die Gewissheit, dass das wichtige Stück seine Bedeutung auch in meinen Augen hatte. Sie hatte Resonanz und Anteilnahme gefunden, ihre persönliche Geschichte mit mir geteilt.

5 Beratung von Mitarbeitenden

Eine gute Führungskraft hat das Wohl aller Teammitglieder stets im Blick. Die Führungskraft sollte offen und einfühlsam darauf achten, wenn Mitarbeitende viele Fehlzeiten und Krankheiten haben, wenn sie ständig missgestimmt sind, wenn sie mit Kollegen nicht auskommen. In diesen Fällen kann man als Vorgesetzte auf sie zugehen und sie zu einem Gespräch einladen. Das persönliche Beratungsgespräch mit Mitarbeiterinnen ergibt sich aus der Haltung heraus, dass man daran interessiert ist, dass es ihnen gut geht und dass sie sich weiterentwickeln können und die Arbeit gut klappt. Manchmal bitten Mitarbeiter selbst um ein Gespräch, um ihre Wünsche und Vorstellungen zu besprechen oder Lösungen für beruflich bedingte Probleme zu suchen oder über private Sorgen zu informieren. Für ein solches

Gespräch sollte sich eine Führungskraft alsbald Zeit nehmen und die Einzelnen nicht lange auf einen Termin warten lassen. Je besser die Beziehung zu der einzelnen Person ist, umso eher wird sich eine Beratungssituation entwickeln. Sie setzt Vertrauen auf beiden Seiten voraus. In der Gesprächssituation sollte geklärt werden, ob man in der Rolle des Vorgesetzten agiert oder in der Rolle eines persönlichen Beraters. Die Leitungskraft muss sich immer bewusst sein, in welcher Rolle sie gerade agiert, und dies gegenüber dem Gesprächspartner transparent machen.

Fallbeispiel: Gut beraten[12]

Frau Müller, von Beruf Kinderkrankenschwester, arbeitete mehrere Jahre lang mit Begeisterung in der Pflege alter Menschen. Der Arbeitsbereich gefiel ihr, sie verbreitete gute Laune, hatte viel Spaß im Umgang mit den Bewohnern und war mit ihrer Arbeit zufrieden. Dann änderte sich ihre persönliche Situation, sie heiratete ihren Freund und zog mit ihm zur Schwiegermutter. Frau Müller wurde unausgeglichen, launisch. Immer öfter meldete sie sich für wenige Tage krank und hatte Prellungen und blaue Flecken an Arm und Kopf. Wenn sie von Kolleginnen darauf angesprochen wurde, hatte sie als Erklärung einen Sturz oder eine Kreislaufschwäche parat. Ihre Arbeitsleistungen wurden schwach. Ihr Umgang mit den alten Menschen war unakzeptabel. Die Stationsleitung informierte die Heimleiterin und betonte dabei vor allem Frau Müllers Verhalten gegenüber den Bewohnern, das von Ungeduld und Respektlosigkeit zeugte.

Ich rief Frau Müller zu einem Gespräch. In ihm erinnerte ich Frau Müller zuerst daran, wie begeistert sie in den vergangenen Jahren

---

12 Das Fallbeispiel ist eine leicht modifizierte Fassung aus Wicke-Schuldt, 2018b (S. 91 f.).

ihrer Arbeit in der Altenpflege nachgegangen ist, welche Freude sie dabei hatte und dies auch mir immer wieder durch ihre guten persönlichen Beziehungen zu einzelnen Bewohnern bewiesen hatte. »Aber in den letzten Monaten haben Sie sich sehr verändert: Von einer begeisterten, guten Fachkraft sind Sie zu einer Person geworden, die nicht mehr in der Lage ist, ihre Aufgaben richtig zu erfüllen und den alten Menschen respektvoll zu begegnen.« Mitfühlend sagte ich: »Das ist sicher ein schrecklicher Zustand für Sie.« – »Ja, genau so ist das!«, bestätigte Frau Müller und erzählte sogleich ihre schwerwiegenden Probleme in der angeheirateten Familie, mit der halbwüchsigen Stieftochter und einer bösen Schwiegermutter. Als weiteren Punkt berichtete sie mir, dass sie sich sowieso schon seit Längerem überlegt hätte, ihre Arbeitsstelle zu wechseln. Die Arbeit mit alten Menschen und die ständige Konfrontation mit Hilfebedürftigkeit und Sterben würden sie auf Dauer sehr belasten. Sie sei ja Kinderkrankenschwester, und sie wolle ihre Fähigkeiten lieber wieder in diesem Bereich einsetzen. Andererseits falle es ihr auch schwer, die Station mit den Kolleginnen und den Bewohnerinnen einfach im Stich zu lassen.

Frau Müllers Problem mit ihrer häuslichen Situation schien mir sehr vielschichtig zu sein und nicht in einem Gespräch lösbar. Zudem schien sie häuslicher Gewalt ausgesetzt zu sein. Ich empfahl ihr dringend, sich von ihrem Hausarzt krankschreiben und ein Rezept für Psychotherapie geben zu lassen und einen Therapeuten zu suchen, der sie bei der Lösung ihrer Probleme unterstützen würde. Auch bestärkte ich Frau Müller in ihrer Idee des Wechselns zu einem anderen Arbeitsfeld, das sie weniger belastete. Nachdem wir dies alles im Einvernehmen besprochen hatten, sagte ich zu Frau Müller: »Trotzdem werde ich Ihnen noch eine Abmahnung schreiben für Ihr Verhalten gegenüber der Bewohnerin Frau S. Denn ich bin nicht nur Ihre wohlgesonnene Beraterin, sondern auch die Verantwortliche hier, und ich kann nicht dulden, dass Bewohner schlecht behandelt werden.« Frau Müller akzeptierte das, weil sie meinen Wunsch und meine Aufgabe als Leiterin verstand. Sie bekam die Abmahnung per Post. Nach unserem Gespräch war Frau Müller einige Wochen krankgeschrieben. Telefonisch berichtete sie mir von einer sehr guten Therapeutin, bei der sie nun Hilfe bekomme. Mehrmals dankte sie mir später für unser Gespräch und sogar für die Abmahnung. Beides habe ihr geholfen, ihr Leben wieder in den Griff zu bekommen. Anschließend suchte sich Frau Müller eine andere Stelle, hielt aber noch eine Weile Kontakt zu mir.

Als Leitungskraft hat man leider wenig Zeit für beratenden Gespräche mit Mitarbeitenden. Sie können nur ein Ansatz sein, zur Klärung der momentanen Situation beizutragen und die anstehenden Aufgaben für die Person herauszufinden. Wenn man im Gespräch mit der Mitarbeiterin feststellt, dass die Not wirklich groß ist und dass eine Problematik vorhanden ist, die über die Arbeitssituation hinweg in persönlichen und familiären Verhältnissen begründet ist, muss man sie davon überzeugen, zur weiteren Beratung und Therapie eine andere außenstehende Stelle aufzusuchen. Einzelne Mitarbeiter muss man überzeugen, dass sie sich in einem schlechten und ihrer Gesundheit abträglichen Zustand befinden. Man muss ihnen das Interesse zeigen, dass sie es wert sind, sich selbst um ihre seelische Gesundheit zu kümmern. So kann man ihnen einen Kuraufenthalt, Ärzte, Therapeutinnen und Beratungseinrichtungen empfehlen.

6 Beziehung zu Angehörigen

Angehörige stellen in der Regel die ersten Kontakte mit der Senioreneinrichtung her. Sie geben die ersten wichtigen Informationen über die (künftigen) Bewohner, ihre Krankheiten, ihre Biografie.

Viele Angehörige gehören zur Gruppe des größten Pflegedienstes in Deutschland: Sie haben ihren Angehörigen bereits Monate und Jahre zu Hause gepflegt. Daher sind sie für die Einrichtung Experten in mehrfacher Hinsicht: Sie haben meist gute Kenntnisse über die Lebensumstände und die familiären Verhältnisse des alten Menschen, und sie haben oft jahrelange Erfahrungen mit dessen Pflege.

Letzteres kann aber auch zu Konflikten führen. Denn Angehörige erwarten die beste Pflege, so wie sie es oft selbst gemacht haben. Sie haben dann zunächst wenig Verständnis dafür, dass heutige Pflege Modulen und Zeitfenstern folgt. Es müssen in einem Heim viele Vorschriften eingehalten werden, und die Arbeit im Heim wird von außen durch Heimaufsicht und MDK kontrolliert. Die Pflegekräfte müssen viel Zeit für die Dokumentation aufbringen, was wiederum die Zeit für die Zuwendung zu den Bewohnern beschneidet. Diese Arbeitsumstände sind den Angehörigen meist nicht bekannt. Eine gute Kommunikation muss daher das Ziel sein. Angehörige müssen erst einmal verstehen, dass heute in den Einrichtungen unter schwierigen Bedingungen Pflege geleistet wird und dabei unterschiedliche Anforderungen erfüllt werden müssen.

Engagierte Angehörige sollten in die Betreuung auf der Station eingebunden werden und die Anerkennung der Mitarbeiter für ihre Unterstützung erhalten. Sie sind durch die Pflege ihrer Angehörigen, durch deren demenziellen Abbau und psychischen Veränderungen stark belastet und benötigen oft mehr seelische Unterstützung, mehr Zuwendung und Trost seitens der Mitarbeitenden als die Pflegebedürftigen selbst. Mitarbeiterinnen müssen deshalb bei Bedarf aufklärende und tröstende Gespräche mit den Angehörigen führen.

Mitunter fühlen sich Pflegekräfte von Angehörigen beobachtet und werden von ihnen kritisiert. Sie sind dann nicht gut auf die Angehörigen zu sprechen. Eine Leitungskraft hat hier die Aufgabe, die Kommunikation zwischen beiden Parteien zu fördern und als

Streitschlichterin zu agieren. Dabei muss die Leitung die Wünsche der Angehörigen anhören, verstehen und sie zugleich als bedeutsame Rückmeldung und Information wertschätzen. Angehörige sind wichtige Personen, die Missstände bei der Versorgung aufdecken, die auf Fehler hinweisen. Insofern können sie für die Leitung einerseits eine große Unterstützung für die Verbesserung der Arbeit sein. Andererseits muss die Leitungskraft ihre Mitarbeiterinnen gegen unberechtigte Vorwürfe in Schutz nehmen und unrealistischen Forderungen eine Absage erteilen. Dann ist ein Gespräch der Leitung mit beiden Parteien, also Pflegekraft und Angehöriger, notwendig, um über die Bedingungen aufzuklären, die Erwartungen zu besprechen und persönliches Verhalten zu bereinigen. In der Regel führt ein Konflikt, der gemeinsam gelöst wurde, in der Folge zu einer besseren Zusammenarbeit. Denn durch die Aussprache hat jeder den anderen besser kennengelernt, hat seine Motive, seine Wünsche erfahren und es wurde sich gemeinsam auf das künftige Vorgehen geeinigt.

Fallbeispiel: Die anhängliche Tochter

Die 89-jährige Frau Schön wurde auf die Pflegestation in das von mir geleitete Altenheim aufgenommen. Frau Schön hatte eine hohe Pflegestufe, aber ihre Pflege und Betreuung war für das Personal unproblematisch, weil Frau Schön zwar dement war, sich aber kooperativ verhielt. Das Problem war Frau Schöns Tochter, die ihre Mutter bisher zu Hause versorgt hatte und diese nicht loslassen konnte. Die Tochter besuchte ihre Mutter tagtäglich den ganzen Nachmittag und Abend im Heim, und sie wollte auch nicht nach Hause gehen, wenn die Abendschicht sich verabschiedete.

Das Verhalten dieser Tochter wurde zu einem Problem für die meisten Pflegekräfte. Die Pflegenden fühlten sich von ihr genervt, denn schließlich konnte die Tochter nicht bei der Mutter auf der

Station leben. Als Heimleitung musste ich mit dieser Frau und der Stationsleitung zusammen klären, wann sie die Station zu verlassen hatte. Die Tochter fühlte sich in unserem Gespräch von mir verstanden und unterstützt gegen die Pflegenden, denen sie lästig war. Trotzdem musste sie sich an die getroffene Abmachung halten. Das klappte nicht immer. Wenn sich die Pflegekräfte von der Angehörigen zu sehr beeinträchtigt fühlten, baten sie mich um ein Gespräch mit der Tochter. Diese Gespräche fanden von Woche zu Woche statt. So konnte ich die Pflegekräfte entlasten. Die Angehörige war mein »Problemfall«. Aber ich fühlte mich durch diesen regelmäßigen Kontakt nicht belastet und Frau Schöns Tochter schätzte den kurzen Austausch mit mir.

Nicht immer lassen sich Angehörige von der Hausleitung oder den Mitarbeitern von bestimmten Notwendigkeiten und Richtlinien überzeugen. Und dann haben unzufriedene Angehörige viele Möglichkeiten, einer Hausleitung das Leben schwer zu machen: Sie können die Heimaufsicht informieren, sie können die Krankenkassen zu einem Besuch im Heim veranlassen, sie können mit den vermeintlichen Missständen an die Öffentlichkeit gehen und damit dem Ruf einer Einrichtung schaden etc. Wenn Angehörige trotz aller Bemühungen nicht zufriedenzustellen sind, sollte die Leitung diese davon überzeugen, mit der zu betreuenden Person in eine andere Einrichtung zu wechseln. Für einen solchen Wechsel kann sie gute Konditionen anbieten.

7 Beratung von Teams

Bei der Teilnahme an Sitzungen des Pflegeteams kann die Leitungskraft mit Methoden aus der systemischen Familientherapie zur Lösung von Problemen beitragen. Meistens weiß sie weniger als die Mitglieder des Pflegeteams. Das kann ein großer Vorteil sein. Denn mit der Außensicht auf die Station und einer professionellen Haltung des Nichtwissens hat man die Möglichkeit, den Mitarbeiterinnen viele Fragen zu stellen, durch die sie selbst Lösungswege erarbeiten können.

Das folgende Beispiel der gemeinsamen Beratung auf einer Teamsitzung ist zugleich eine Fallbesprechung.

Fallbeispiel: Die schreiende Frau[13]

Das bei einer Teamsitzung geschilderte Problem war, dass eine demente Bewohnerin häufig sehr lange und sehr laut schrie und damit die Mitbewohner, die Pflegenden und die Umgebung nachhaltig störte. Alle Beteiligten waren verzweifelt, keiner wusste was zu tun war. Aus der Nachbarschaft kamen bereits Beschwerden.

Ich versuchte, eine differenziertere Sicht auf das Problem zu bekommen, durch die Fragen: »Gibt es Situationen, in denen Frau Meier nicht schreit?« und »Welche Situationen sind das?«, »Was ist dann anders?«, »Woran merken Sie das?«. Man stellte fest, dass Frau Meier nicht schrie, wenn jemand bei ihr war. Daran anknüpfend konnte ich fragen: »Was kann man tun, damit die Situationen häufiger werden, dass Frau Meier nicht schreit?« Mit solchen Fragen lenkt der systemische Berater die Gedanken in Richtung von Lösungen, und es entwickeln sich bei den Mitarbeitern neue Ideen.

Schließlich schlug die Demenzbetreuerin vor, Frau Meier in ein Doppelzimmer zu verlegen. Sie schätzte die Bewohnerin so ein, dass sie nicht schreien würde, wenn sie spürte, dass sie nicht allein wäre.

---

13 Das Fallbeispiel ist eine leicht modifizierte Fassung aus Wicke-Schuldt, 2018b (S. 94).

Die Teammitglieder waren zunächst erschrocken, denn sie wollten das Geschrei von Frau Meier keiner anderen Bewohnerin zumuten. Doch die Demenzbetreuerin überzeugte das Kollegenteam, dass die Umsiedlung in ein Doppelzimmer wirklich eine gute Lösung sein könnte.

Daraufhin wurden die nächsten Schritte festgelegt. Also musste die Angehörige von einem Umzug vom Einzel- in ein Doppelzimmer überzeugt werden, und man musste überlegen, welches Zimmer infrage kam und zu welcher Bewohnerin Frau Meier passen könnte. Man fand einen Weg, und das Ergebnis war sehr zufriedenstellend: Seit Frau Meier im Doppelzimmer lebte, schrie sie nicht mehr! Sie vertrug sich gut mit der Zimmergenossin, und alle waren froh – auch die Angehörigen, die zuvor sehr skeptisch gewesen waren.

Es geht immer – auch bei Problemen – darum, das Verhalten von Bewohnerinnen zu verstehen, ihre Wünsche und Bedürfnisse wahrzunehmen und sie zu akzeptieren. Dies ist von Außenstehenden manchmal besser zu vermitteln, da die Mitarbeiter des Teams oft zu sehr in den Problemen verhaftet sind. Ihre ganze Aufmerksamkeit ist auf dieses Problem fokussiert. Die Fragen der Leitungskraft in der Rolle der systemischen Beraterin eröffnen dem Team neue Sichtweisen und führen es bestenfalls zu kreativen Lösungsideen. Manchmal wird allein durch eine andere Sicht auf die Probleme, die man als Beraterin von außen in das Pflegeteam einbringt, das Problem anders wahrgenommen, und es spielt dann keine Rolle mehr.

Während einer Teamsitzung kann die Leitungskraft verschiedene Rollen und Funktionen einnehmen. In der Funktion als Beraterin kann sie die Sicht auf Lösungen fokussieren, obwohl sie diese selbst nicht kennt. Die speziellen Fachkenntnisse haben die Mitarbeiter, die für das Problem dann auch die Lösungen finden.

Probleme unter Mitarbeitern

Es gibt aber nicht nur mit Heimbewohnern und deren Angehörigen Probleme, sondern auch im Pflegeteam. Probleme, die Mitarbeiter miteinander haben, werden in einer Teamsitzung im Beisein der Heimleitung nur dann offen ausgesprochen, wenn die Mitarbeitenden darauf vertrauen können, dass die Leitungskraft eine absolut neutrale Position einnimmt. Dann besteht eine gute Chance, dass die Leitungskraft als »außenstehende« Beraterin Fragen zur Bedeutung des Konfliktes für die Beteiligten stellt und jeder seine Sichtweise zu dem Konflikt darstellen kann, wodurch sich jede Person ernst genommen fühlt. Anschließend sollte die Leitungskraft die Mitarbeiterinnen in die Richtung einer Lösung führen. Bewährt hat sich dabei zum Beispiel die Technik des zirkulären Fragens: »Woran würden Sie merken, dass der Konflikt mit der Kollegin beendet ist?« Und eine weitere Frage, die die Einschätzung der Kollegin betrifft: »Und was meinen Sie, woran die Kollegin merken würde, dass die Sache zwischen Ihnen bereinigt ist?« Die Überlegungen der zerstrittenen und emotionsbeladenen Kontrahentinnen werden durch diese Fragen auf eine sachliche Ebene gebracht. Die Frage, wie man einschätzt, wie die Kollegin denken würde, führt automatisch zu einer Annäherung, denn sie setzt eine Einfühlung in das Denken der anderen voraus. Das ist eine gute Ausgangsbasis, um schnelle Lösungen zu finden.

Leitungskräfte, die in der systemischen Haltung geschult sind und einige Methoden systemischer Beratung gelernt haben, können deren guten Einfluss auf die Mitarbeitenden sowohl im Einzelgespräch als auch bei Teambesprechungen nutzbringend anwenden. Grundlage dafür ist, dass die Mitarbeitenden sich darauf verlassen können, dass ihre Leitungskraft gute Lösungen in einer angstfreien Atmosphäre möglich macht, ohne einzelne Mitarbeiter in Verlegenheit zu bringen.

8 Grundsätze für die Zusammenarbeit

Wie gelingt gute Zusammenarbeit im Altenheim? Das ist eine entscheidende Frage für die Zufriedenheit von Belegschaft, Bewohnerinnen und Bewohnern sowie von Angehörigen. In dem von mir geleiteten Seniorenheim habe ich die Grundlagen aus meiner systemischen Therapieausbildung und meine Vorstellung von einer therapeutischen Gemeinschaft durch das Zusammenwirken von Bewohnern und Mitarbeitenden in einer vertrauensvollen familiären Atmosphäre umgesetzt. Was heißt das?

Die Mitglieder eines Teams und einer Belegschaft müssen sich nicht lieben, aber sie müssen lernen, sich in ihrer Verschiedenheit zu akzeptieren und zu schätzen. Konstruktiver Streit für die Lösung eines Problems ist wichtig. Aber Kritik muss sich auf die Sache beziehen, ohne eine Person zu verletzen. Ein Konflikt soll als das Aufeinanderprallen von Ideen betrachtet werden, nicht von Personen.

Führung macht sich an wichtigen Zielen, Werten und Regeln fest, die die Leitung vertritt. Das sind die Maßgaben, die den Mitarbeitenden Orientierung geben und die Voraussetzung bilden für die gemeinsame Arbeit. Die Ziele werden durch das tägliche Handeln der Leitungskraft in der Zusammenarbeit mit den Mitarbeitern verfolgt. Es ist ein aktiver Prozess, an dem alle beteiligt sind.

Wichtig ist, dass das Ziel der gemeinsamen Arbeit allen Beteiligten klar ist und von ihnen getragen wird. Im interdisziplinären Team und untereinander gilt ein jeder als Mensch so viel wie der andere. Es gibt keine hierarchische Bewertung der Arbeitsbereiche. Alle Probleme, die sich bei den Abläufen und den Schnittstellen ergeben, werden von der Sache her in Bezug auf eine gute Lösung für die Bewohner und die Mitarbeiter diskutiert. Dabei sind die Bewohner das erste Maß der Dinge, denn sie sind Ziel und Zweck unserer Arbeit und letztlich auch unsere finanzielle Grundlage. Die Anwesenheit von Bewohnervertretern (nach dem Heimgesetz müssen in Pflegeeinrichtungen Bewohnervertreter gewählt werden) bei den Teamsitzungen führt dies den Mitarbeiterinnen deutlich vor Augen.

Bereichsübergreifende Teamarbeit wurde unter meiner Leitung über zwanzig Jahre lang gelebt und von allen Mitarbeitenden als selbstverständliche Unternehmenskultur geschätzt. So konnte die Einrichtung in ständiger Beratung mit allen Beteiligten dynamisch weiterentwickelt und an gesellschaftliche Veränderungen angepasst werden. Aus einem Altenheim mit hauswirtschaftlicher Betreuung und leichter Pflege wurde im Laufe der Zeit eine Senioreneinrichtung mit betreutem Wohnen, einem eigenen ambulanten Dienst und einer Pflegestation.

Das folgende Konzept ist lediglich die Verschriftlichung des Lebens und des gemeinsamen Arbeitens in der von mir geleiteten Einrichtung. Es bildet die Organisationskultur (den Umgang miteinander) und die Struktur ab und zeigt, wie Transparenz und Information und damit auch die Entwicklung der Einrichtung organisiert wird. Die Realisierung dieser Grundlagen der Zusammenarbeit wird im Wesentlichen durch das Wirken der Leitungskraft auf Dauer garantiert. Diese Grundsätze können auch in anderen Einrichtungen umgesetzt werden, wenn man sie dort auf die speziellen Bedingungen und Aufgaben überträgt. Heute gibt es dafür Begriffe wie z. B. »agile Organisation«.

Ein systemisches Konzept für Teamarbeit[14]

Wir haben ein gemeinsames Ziel:

Unsere Bewohner sollen sich in unserer Einrichtung wohlfühlen.

Dazu gehört ein ordentliches Gebäude, Sauberkeit und Hygiene, gutes Essen, fachgerechte Betreuung und Versorgung bei Krank-

---

14 Das Konzept ist leicht modifiziert und stammt aus Wicke-Schuldt, 2018b (S. 198–200).

heit und Pflegebedürftigkeit, Respektieren ihrer Eigenheiten, ihrer Selbstständigkeit, ihrer Wünsche; Anregungen für die Aktivierung von Geist und Körper, Kultur, Freude, Spaß, Geselligkeit, gute Kontakte untereinander und zum Personal.

Die innere Einstellung:
Alle Mitarbeitenden im Haus sind Teil eines Teams. Neben der konkreten Aufgabe in den einzelnen Arbeitsbereichen ist jede Person auch bei der Betreuung der Bewohner eingebunden.

Jeder Mitarbeiter ist ein Experte – für seinen Arbeitsbereich und im Umgang mit den Bewohnern des Hauses, mit denen er Kontakt pflegt. Die Einschätzung und Meinung eines jeden Mitarbeiters sind wichtig. Jeder Mitarbeiter wird informiert über die Ereignisse, Vorgänge und Ziele im Haus.

Die Organisation der Zusammenarbeit:
Wichtigstes Instrument für die Organisation der Zusammenarbeit ist die Teamsitzung an einem festgelegten Vormittag, 14-tägig. Vertreterinnen aller Arbeitsbereiche nehmen daran teil, auch die Bewohnervertretung als Teil des Systems. Die Vertreter können sich abwechseln, entsprechend ihrem Dienstplan.

Die Teamsitzung dient:
- zum Informationsaustausch von Hausleitung zu Mitarbeitenden z. B. über neue Bewohnerinnen, neue Mitarbeiter, Auszüge, Einzüge, Krankheiten, Veranstaltungen, Bauarbeiten usw.,
- zum Informationsaustausch untereinander und zwischen den einzelnen Arbeitsbereichen,
- zur Suche von Lösungen bei Problemen zwischen einzelnen Arbeitsbereichen (Schnittstellenproblematik),

- zur gemeinsamen Besprechung von Vorschlägen und Wünschen von Mitarbeitern und Bewohnern,
- zum gemeinsamen Planen von Projekten im Haus.

Ein Protokoll über die neuen Informationen und die Ergebnisse der Besprechung wird allen Mitarbeiterinnen zeitnah durch ihre Arbeitsgruppe zugänglich gemacht, damit jeder im Haus über die wichtigen Vorkommnisse Bescheid weiß und seine Vorschläge einbringen kann.

Weitere Grundsätze für das Funktionieren guter Teamarbeit:
Neue Mitarbeiter stellen sich in dem jeweiligen Arbeitsbereich bei den Kollegen vor und arbeiten kurz zur Probe mit. Sie müssen von den Kollegen positiv eingeschätzt und angenommen werden, bevor eine Einstellung erfolgt.

Veränderungen bei den Arbeitsabläufen und Aufgaben sollen zuerst verstanden und erst anschließend von allen getragen und umgesetzt werden.

Die Arbeitsgeräte und Arbeitsmittel sollen von den Mitarbeiterinnen, die sie nutzen, erprobt und akzeptiert werden.

Die Abrechnung von Arbeitsstunden und Urlaub muss für jeden nachvollziehbar sein.

Die Arbeitsweise:
Jeder Mitarbeiter im Seniorenstift arbeitet selbstständig und eigenverantwortlich in dem Rahmen, der ihm von der Hausleiterin vorgegeben wurde. Jeder hat ein gewisses Maß an Selbstständigkeit, dafür aber auch Verantwortung.

Vorgaben der Leitung:
Die Hausleiterin erwartet engagierten Arbeitseinsatz aller Mitarbeitenden. Sie erbittet Rückmeldung bei auftretenden Problemen, bei

Fragen, bei Wünschen oder Vorschlägen zur Veränderung und bittet hier umgekehrt auch um das Vertrauen der Mitarbeitenden.

Fehlerkultur:
Wo Menschen arbeiten, werden auch Fehler gemacht. Die Fehler dienen dazu, dass man aus ihnen lernt und sie nicht wieder macht. Deshalb wird kein Mitarbeiter, Kollege, auch kein Vorgesetzter negativ bewertet, wenn er einen Fehler zugibt und sich dafür entschuldigt.

Die gemeinsamen Werte:
Jede Mitarbeiterin darf von Hausleitung und von Kolleginnen Verständnis und Unterstützung erwarten, wenn sie persönliche oder gesundheitliche Probleme hat.

Wertschätzung, Rücksichtnahme und Akzeptanz sind Werte, die untereinander gelten und auch gegenüber den Bewohnerinnen. Der Ton macht die Musik.

Wenn die Mitarbeitenden ein gutes Arbeitsklima haben,
wenn sie ruhig und unaufgeregt ihren Tätigkeiten nachgehen,
wenn sie fröhlich und humorvoll sind,
und dabei offen sind für die Wünsche und Probleme aller Bewohner,
dann entsteht das Wohlfühlklima für Bewohner.

- Bewohnerinnen spiegeln das Klima unter den Mitarbeiterinnen zurück: Wenn wir freundlich sind, ermuntern wir auch unfreundliche Bewohnerinnen zur Freundlichkeit.
- Das »Familiäre« bedeutet: Jeder ist für jeden da; jeder hilft mit.
- Letztendlich bilden die Mitarbeitenden zusammen mit den Bewohnern der Einrichtung eine Gemeinschaft, in der sich jeder um den anderen Menschen kümmert.

- Diese therapeutische Gemeinschaft lässt uns auch problematische Bewohner in unsere Gemeinschaft integrieren.

9 Gemeinsame Organisationsentwicklung

Jede Einrichtung muss sich mit den von außen kommenden Veränderungen in der Gesellschaft auseinandersetzen und weiterentwickeln. Dabei muss sich eine Organisation auch im Innern wandeln. Veränderungen bei den Aufgaben einer Senioreneinrichtung haben gleichzeitig eine Veränderung bei den Bewohnerinnen/Pflegebedürftigen zur Folge und auch bei der Struktur der Mitarbeiter und deren Qualifikation. Dies alles wird unter dem Aspekt Organisationsentwicklung verstanden. Akzeptanz für Veränderungen entsteht durch aktives Mitarbeiten, durch die Gelegenheit, Neues selbst zu gestalten. Wie gelingt eine solche gemeinsame Entwicklung und Teilhabe? Indem Reflexion und Auseinandersetzung bewusst in die Struktur der Arbeitsorganisation aufgenommen wird.

Die bereichsübergreifende Teamsitzung als Entwicklungsinstrument

Wie bereits im Konzept für Teamarbeit beschrieben, bildete die 14-tägige Teamsitzung aller Arbeitsbereiche den Fixpunkt für die Kommunikation und die Weitergabe von Informationen in der Einrichtung über z. B. neue Bewohner, neue Mitarbeiterinnen, Renovierungsarbeiten, Vorbereitung und Auswertung von Festen und Ausflügen, Ideen für Verbesserungen im Haus etc. Hier wurden die Schnittstellenproblematik zwischen den Mitarbeitergruppen besprochen und die Arbeitsabläufe geregelt. Die teilnehmende Bewohnervertreterin konnte die Wünsche und Anregungen der Bewohnerinnen thematisieren. Diese wurden durch die direkte Beratung aller

Arbeitsbereiche zügig umgesetzt oder auch begründet abgelehnt. Die Teamsitzung dauerte in der Regel eine Stunde, ein Zeitaufwand, der innerhalb von zwei Wochen denkbar gering war.

Das Protokoll als Leitungsinstrument

Die hohe Effektivität der Teamsitzung ergab sich erst durch das Protokoll, das ich selbst als Leiterin im Nachhinein für die Mitarbeitenden erstellte. Ich schrieb es möglichst zeitnah, übersichtlich und flüssig lesbar in ausformulierten Sätzen. Es fehlte auch nie der Dank an alle Mitarbeiterinnen für ihre besonderen Aktivitäten, die damit öffentlich wahrgenommen und gewürdigt wurden. Das ist eine wichtige Form für eine wohlwollende Rückmeldung der Vorgesetzten und zeigt die positive Unternehmenskultur auf. Ich konnte in meinem Protokoll auch Entwicklungen, die besprochen wurden, noch einmal für die gesamte Leserschaft erklären und begründen.

Die Mitarbeitenden waren daran gewöhnt, dass sie durch das Protokoll auf den aktuellen Wissensstand gebracht wurden. Auch nach Krankheits- oder Urlaubszeiten fanden sie durch das Protokoll den Anschluss an die aktuellen Ereignisse in der Einrichtung. Erschien es nicht zeitnah, sondern verging mehr als eine Woche, kamen die Nachfragen der Mitarbeiter. Und ich musste mich mitunter für die Verspätung entschuldigen.

Durch das Protokoll wurden alle Mitarbeiter alle 14 Tage auf den gleichen Wissens- und Informationsstand gebracht. Es ist wichtig, dass Wissen nicht als Macht einer Elite von Abteilungsleitern gegen andere Mitarbeiter benutzt wird. Alle Mitarbeitenden bekommen die Möglichkeit, sich mit ihren Ideen einzubringen. Die Transparenz, die durch alle Abteilungen und alle Mitarbeitenden führt, ist die Voraussetzung für eine gute Kommunikation bei der Arbeit und mit den Bewohnerinnen. Auch die Honorarkräfte konnten das Protokoll auf Wunsch einsehen. So erhielten auch sie die Möglichkeit, ihre Vorschläge einzubringen und sich bei den Aktivitäten im Hause zu beteiligen. Sie machten gute Vorschläge und engagierten sich bei Festen und Ausflügen. Ein gleicher Wissensstand über die wesentlichen Entwicklungen, Planungen und Probleme in einem Betrieb ist zugleich die Voraussetzung für eine gute Zusammenarbeit von Mitarbeitern und Bewohnern.

Die Mitarbeiterversammlung als Führungsinstrument

Als Leitung muss man die Zielsetzung und die in der Einrichtung geltenden Werte immer wieder neu im Bewusstsein der Mitarbeiterinnen verankern und sie dafür gewinnen. Die Entwicklung einer Organisation muss von allen getragen werden, von der ganzen Belegschaft. Die Mitarbeiter müssen dafür gewonnen werden. Das gelingt durch Information, durch Schulungen, durch die die Mitarbeitenden in die Lage versetzt werden und den Raum bekommen, ihre eigenen Fähigkeiten und Ideen zur Lösung von Problemen und zur Verbesserung der Arbeitsorganisation einzubringen. Die Weiterentwicklung der Organisation ist die gemeinsame Aufgabe und das Ziel einer ganzen Belegschaft. Dazu kann eine Mitarbeiterversammlung, die auch von den Mitarbeitenden aktiv getragen und gestaltet wird, einen sehr guten Beitrag leisten. Dabei hat die Leitungskraft die Aufgabe, Analysen zu machen, aufzuklären, Ideen anzustoßen und dann den Raum für weitere Ideen und für deren Umsetzung mit der Belegschaft zu schaffen.

Fallbeispiel: Die Mitarbeiterversammlung

Für eine Mitarbeiterversammlung zu Jahresbeginn mit der gesamten Belegschaft wurden zwei Stunden angesetzt. Die Teilnehmenden erhielten einen Jahresrückblick und eine Auswertung der Entwicklungen und Ereignisse des vergangenen Jahres. Jedes Jahr wurde ein anderer Arbeitsbereich von einer Mitarbeiterin vorgestellt. Im

Allgemeinen wurden die Berichte aus ihrem Arbeitsalltag von allen Kollegen mit großem Interesse verfolgt. Immer war das Staunen groß, denn so genau hatte man ja doch nicht gewusst, welche Tätigkeiten die Kollegin genau wie erledigen musste und welche Probleme sie in ihrem Alltag zu bewältigen hatte.

Zuletzt gab ich einen sorgfältig vorbereiteten Bericht über die Organisationsentwicklung. Dafür hatte ich alle Aktivitäten ausgewertet sowie alle Personal- und Bewohnerwechsel in Bezug gesetzt zu den Tätigkeiten, die die Mitarbeiterinnen in ihren jeweiligen Arbeitsfeldern geleistet hatten. Aufgrund der vorher erfassten Zahlen und der Analyse des vergangenen Jahres wurden die Auswirkungen auf jeden Arbeitsbereich und die veränderten Anforderungen an die Mitarbeiter separat beleuchtet.

Ich verstand meinen Bericht auch als einen Rechenschaftsbericht über meine Tätigkeit, und ich beschrieb die Themen und Probleme, die für mich in diesem Zeitraum wichtig gewesen waren. Nur wenn die Mitarbeitenden wissen, was die Leiterin tut, können sie ihre Chefin in ihrer Arbeit auch effektiv unterstützen. Meine Ausführungen waren für die Mitarbeiterinnen wichtig. Sie schafften Transparenz auch über die Aufgaben der Leitungskraft.

In einer so gestalteten Mitarbeiterversammlung bekommt die Arbeit der einzelnen Mitarbeitenden im Zusammenhang mit der Arbeit aller im Betrieb eine neue Bedeutung, sie erhält den Respekt der anderen Kolleginnen – ebenso die Arbeit der Hausleitung. Dadurch wird die Basis für gegenseitiges Verständnis und für eine konstruktive Zusammenarbeit im Bereich der Schnittstellen geschaffen. Die Kollegen sind dann auch bereit, für andere Bereiche einzuspringen, und es heißt nicht: »Das ist nicht meine Aufgabe!« Stattdessen sagt man: »Wir helfen zusammen, wir sind ein gutes Team!« Auch die dankbaren Rückmeldungen von Bewohnern in Form von Weihnachtsdankesbriefen und Geldgaben für eine gemeinsame Personalkasse motivierten in unserer Senioreneinrichtung alle Mitarbeiter. Die Weihnachtspost wurde durchgereicht, jeder konnte die an die Leitung geschriebenen Dankesbriefe selbst lesen.

10 Chefin werden – Chefin sein

Eine Leitungsstelle kann jeder mit der entsprechenden fachlichen Ausbildung bekommen und somit Chef oder Chefin werden. Aber Chef oder Chefin sein? Das ist eine höchst anspruchsvolle und schwierige Aufgabe. Führung muss man lernen. Mein Weg zur respektierten Chefin war von Konflikten und Selbstzweifeln begleitet. Den Führungstanz zu lernen ist eine Kunst, bei der beide Partner aufeinander eingehen und sich miteinander entwickeln müssen. Eine Führungskraft muss eine sichere Haltung lernen, muss wissen, was sie vermitteln will, und zugleich die Reaktionen und Bedürfnisse des Teams erkennen und kennenlernen. Das ist ihre Aufgabe im gemeinsamen Prozess. Die Teammitglieder werden ihre Leitung immer besser kennenlernen und sie respektieren, schätzen und unterstützen, je mehr gemeinsame Erfahrungen gemacht und im gemeinsamen Tun gute Beziehungen aufgebaut werden.

Der Reiter auf dem Pferd scheint mir ein geeignetes Bild zu sein, mit dem ich die Entwicklung der Beziehung von Leitung und Team kommentiere (siehe Abbildung 2):[15]

»Zu Beginn meiner Leitungsarbeit hatte ich Probleme mit der Chefrolle. In meiner Position fühlte ich mich sehr einsam. Ich ver-

---

15 Die nachfolgende Passage ist leicht modifiziert und stammt aus Wicke-Schuldt 2018b (S. 145–147).

misste Kollegen, die eine ähnliche Ausbildung wie ich und ein ähnliches Wissensniveau hatten. Der Umgang mit den alten Menschen war für mich kein Problem, darin hatte ich Erfahrung und war Profi. Ich war Einsatzleiterin für Zivildienstleistende gewesen, die ich für ambulante Betreuung und Hilfen im Haushalt einteilte, einarbeitete und motivierte. Zu den Zivis hatte ich ein kameradschaftliches Verhältnis. […]

Der Reiter kommt mit seinen Vorerfahrungen zu einem anderen Pferd. Dieses Pferd hat seine eigene Vergangenheit, die es geprägt hat.

Als Hausleiterin hatte ich plötzlich viele neue Arbeitsbereiche: Das waren Essensversorgung, Hauswirtschaft, Reinigung, die Arbeit des Hausmeisters, die Haustechnik. Zudem war zeitgleich ein neues Hausmeisterehepaar eingestellt worden. Auch diese Menschen mussten ihren Platz in diesem Haus und im Mitarbeiterteam erst finden. Ich wollte sie den anderen Mitarbeitenden gegenüber nicht vorziehen. Die Sekretärin meiner Vorgängerin unterstützte mich nicht und war ständig krank, sie blieb nicht mehr lange. Andererseits war ich auf die Informationen angewiesen, die mir die Mitarbeiter gaben – oder

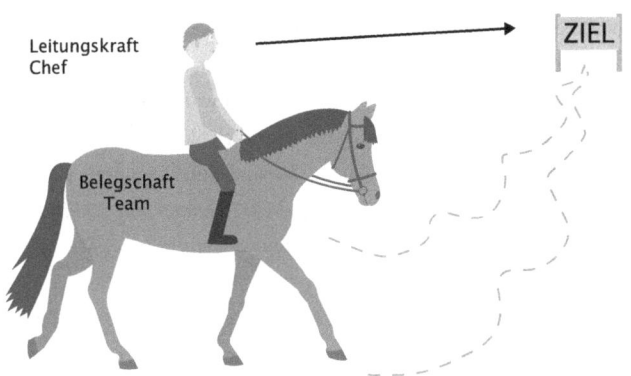

Abbildung 2: Die Metapher von Pferd und Reiter (Wicke-Schuldt, 2018b, S. 126)

die sie mir verheimlichten. Zu den Mitarbeitern war ich grundsätzlich nett und freundlich. Aber wen konnte ich fragen? Wem konnte ich trauen? Eine Mitarbeiterin beschwerte sich über die andere. Und wem sollte ich glauben, wenn eine Mitarbeiterin mir etwas Schlechtes über die andere Kollegin erzählte? Ich erinnere mich an Konflikte zwischen drei Frauen in der Küche. Sie schienen mir unlösbar, denn ich wollte es allen recht machen. Zum Glück hatte ich die Unterstützung meines Vorgesetzten. […]

Eines Tages erfuhr ich durch den neuen Hausmeister, dass sich die Mitarbeiter am Abend in einem Lokal versammeln wollten, um sich ohne mich zu treffen. Sogar ein Gewerkschaftsvertreter hatte seine Beteiligung angesagt. Diese Versammlung war von einer Gruppe von fünf Mitarbeiterinnen ausgegangen, die sich mehrmals täglich im Raucherzimmer, das zugleich der Pausenraum war, trafen, um gemeinsam zu rauchen. Eine aus der Gruppe war meine neue Sekretärin, die auf diese Position intern aufgestiegen war. Sie hatte mir nichts (von diesem Treffen) verraten. Im Nachhinein wollte ich natürlich wissen, welche Wünsche und Forderungen von den Mitarbeitern aufgestellt worden waren. Ich fragte eine der Organisatorinnen. Sie sagte mir, dass bei dieser Versammlung keinerlei Forderungen erhoben worden waren. ›Um was ging es denn dann?‹, fragte ich verzweifelt, ›es muss doch einen Grund gegeben haben.‹ Die Mitarbeiterin antwortete hilflos: ›Ach wissen Sie, die ganze Versammlung war eigentlich blöd. Wir haben gesagt, Sie sind eben keine richtige Chefin. Sie sind einfach zu nett.‹ […]

Das Pferd hat auch eine Vergangenheit: Es kannte nur Schläge und eine strenge und harte Führung, es konnte mit einem freundlichen Reiter nichts anfangen.

Diese heimliche Aktion der Mitarbeiterinnen hatte mich sehr belastet. Ich bekam eine Lungenentzündung. Während meiner Erkrankung konnte ich diese Versammlung als eine Machtprobe erkennen. Die Belegschaft war noch meine Vorgängerin als Leiterin gewöhnt, die autoritär aufgetreten war und vor der die Mitarbeiter oft Angst gehabt hatten. Dagegen ging ich als neue Leiterin nicht direktiv mit ihnen um und war verständnisvoll und nachsichtig. Die Mitarbeiter waren unsicher, wie sie mich einschätzen sollten. Sie wussten aber auch nicht, was sie von mir fordern sollten. Ich war in ihren Augen einfach kein ›richtiger‹ Chef.

Das Pferd ist nicht bereit, einen Reiter zu tragen, der nicht spürbar ist und es nicht eindeutig lenkt.

Damals gab es noch kein konsequentes Rauchverbot für Betriebe. Meine Lungenentzündung war für mich der Anlass, das Rauchen in dem meinem Büro gegenüberliegenden Pausenzimmer zu verbieten und dies gegenüber den Mitarbeitern streng durchzusetzen. […] An diesem Punkt zeigte ich ihnen, dass ich Macht ausüben konnte. Ich lernte, feste Regeln aufzustellen und deren Einhaltung von den Mitarbeitern auch über disziplinarische Maßnahmen einzufordern« (Wicke-Schuldt, 2018b, S. 145–147).

Der Reiter zieht die Zügel fest an und gibt die Richtung vor.

Die fünf Mitarbeiterinnen, die die Versammlung organisiert hatten, mussten sich nun unterordnen, und sie hatten den Machtkampf, den sie herausgefordert hatten, verloren. Innerhalb der nächsten Wochen suchten sich alle fünf Mitarbeiterinnen eine andere Arbeit und kündigten. Darunter war auch meine Sekretärin. Personeller Ersatz konnte damals schnell gefunden werden.

Einige Monate später lud ich meine Mitarbeiter zu einer Krisensitzung ein, weil ich nicht mehr klarkam vor lauter Streit und Intrigen unter ihnen. Das Durcheinander war gewaltig, und ich wusste selbst nicht, wem ich nun glauben sollte oder nicht. Etwa zwanzig Mitarbeiter waren versammelt. Einige sprachen aus, was sie bedrückte. Es herrschte Orientierungslosigkeit. Zwei von ihnen sagten, dass sie sich eine neue Stelle suchen wollten, eine dritte hatte sich bereits woanders vorgestellt.

Das Pferd ist verunsichert. Es ist durcheinander, strauchelt, kann sich nicht recht bewegen.

Ich war verblüfft: Ging doch in den Köpfen dieser Mitarbeiter genau dasselbe vor wie in meinem! »Wissen Sie was? – Ich habe mich auch schon auf eine andere Stelle beworben! In der nächsten Woche habe ich einen Vorstellungstermin«, konnte ich den Mitarbeitern beipflichten. Sie waren geschockt. »Mehrheitlich waren sie der Meinung, ich solle sie doch nicht verlassen. Sie wünschten sich ausdrücklich, weiter mit mir als Chefin zu arbeiten. ›Wirklich?‹, fragte ich unsicher. Die Mitarbeiterinnen versprachen, künftig mit mir gut zusammenzuarbeiten, für mich zu arbeiten […]. Sie wünschten sich, dass ich bliebe.

Das Pferd stellt sich auf den neuen Reiter ein und kann ihn davon überzeugen, dass es ihn von nun an tragen wird.

Schließlich ließ ich mich von den versammelten Mitarbeitern ›erweichen‹ und von ihrem guten Gefühl für mich überzeugen. Ich versprach ihnen, weiterhin ihre Chefin zu bleiben und meinen Vorstellungstermin abzusagen.

Vertrauen muss wachsen durch gemeinsames Handeln und gemeinsame Erfahrungen. Mein Gefühl der ›Einsamkeit‹ als Chefin schwand in dem Maße, wie es mir gelang, gute Beziehungen mit den Mitarbeitenden aufzubauen. […] Ich brachte mich persönlich ein und wurde ›familiär‹. Gemeinsames Handeln bei Projekten wie Ausflügen und Festen wurde durch die Anwesenheit meiner Kinder und der Kinder von Mitarbeiterinnen zum gemeinsamen Erlebnis. Es gab viele Anknüpfungspunkte für persönliche Gespräche, und meine Offenheit unterstützte den Aufbau von vertrauensvollen und zugleich respektvollen Beziehungen. Meiner Autorität durch meine Fachkompetenz tat dies keinen Abbruch.

Der Reiter hat gelernt, wie er sein Pferd führen kann. Das Pferd hat gelernt, die Signale des Reiters zu verstehen. Das Pferd trägt ihn.

Pferd und Reiter entwickeln Freude an der gemeinsamen Bewegung, am gemeinsamen Tun« (Wicke-Schuldt, 2018b, S. 148 f.).

Anfangs wollte ich nicht als »Chefin« angesprochen werden, das kam mir als von den Mitarbeiterinnen weit entfernt vor. Aber dann merkte ich, was sie meinten, wenn sie mich »Chefin« nannten: »Mitarbeiter wünschen sich Orientierung. Sie wünschen sich klare Richtungsvorgabe für ihre Arbeit. Sie wünschen sich den Rückhalt ihrer Vorgesetzten bei ihrer Arbeit, ihren Problemen im Betrieb und manchmal auch bei persönlichen Themen. Meine Mitarbeiter haben die Erfahrung gemacht, dass sie all das von ihrer Chefin bekommen.

Reiter und Pferd bilden nun einen Organismus, der sich mit immer größerer Eleganz bewegen lernt. Die harmonische Bewegung macht Pferd und Reiter Spaß. Gemeinsam werden neue Wege ausprobiert. Manchmal fliegen Reiter und Pferd im Galopp. Dabei spüren sie neue Fähigkeiten, was sie zufrieden und glücklich macht. Sie überwinden Hindernisse, um dem Ziel näher zu kommen.

Ich war mit meinen Mitarbeitern durch ein emotionales Band verknüpft und zugleich durch ein gemeinsames Anliegen, dessen Realisierung uns allen wichtig war. Einen solchen Zusammenhalt kann man nicht durch Verträge regeln, denn zusammen- und über sich hinaus wachsen ist ein gemeinsamer Prozess« (Wicke-Schuldt, 2018b, S. 159; siehe Abbildung 2).

11 Vernetzt denken und arbeiten

In Abbildung 3 habe ich meine berufliche Praxis systemischen Leitens dargestellt. Das Zentrum des netzartigen Gebildes aus Beziehungen ist die Leitung, die den Mitarbeitenden mit Vertrauen, Herzlichkeit, Anerkennung, Dank usw. begegnet und damit ein positives Arbeitsklima vorgibt. Von der Hausleitung gehen aber auch die Fäden aus, die Vorgaben, an denen sich die Mitarbeiter orientieren müssen. Die Werte, Ziele und Aufgaben machen es möglich, dass sie sich für ihre Arbeit engagieren können und sich dabei gegenseitig inspirieren und unterstützen. Das ermöglicht ihnen größtmögliche Verantwortung, Kreativität und Selbstständigkeit.

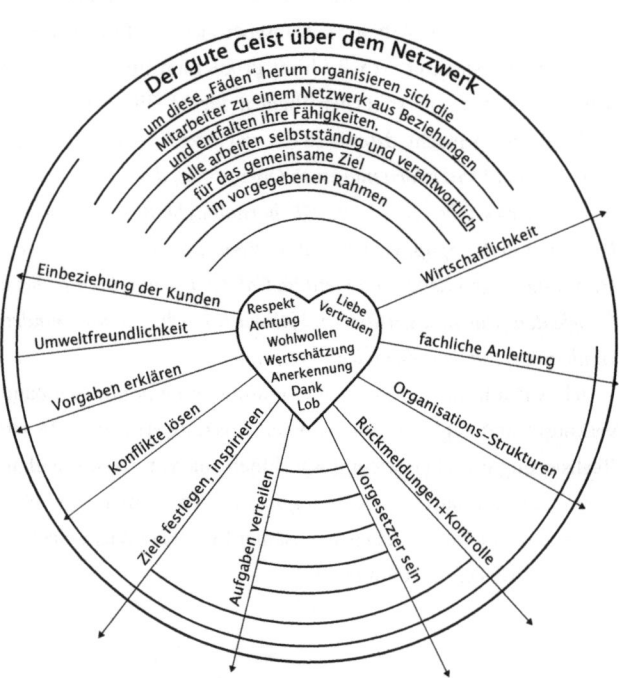

Abbildung 3: Systemisch leiten (Wicke-Schuldt, 2018b, S. 209)

Ausblick –
Die Entwicklung im Pflegebereich

12 Privatisierung und internationale Konzerne

Seit 1995 hat der Staat den Pflegesektor für private Anbieter geöffnet und damit zu einem Pflegemarkt gewandelt, der sich in den letzten Jahren zur »Pflegewirtschaft« entwickelt hat. Das Geschäft mit Senioren und Seniorinnen ist zu einer gewinnträchtigen Wachstumsbranche für Investoren und Betreiber geworden. International agierende Konzerne kaufen bestehende Pflegeimmobilien auf und bauen in den Gemeinden neue Senioreneinrichtungen. Der Konzentrations- und Wachstumsprozess vollzieht sich hinter den Kulissen, denn die Namen der ursprünglichen Einrichtungen bleiben bestehen, auch wenn Besitzer und Betreiber manchmal sogar mehrmals wechseln.

Die Pflegestatistik führt am 15.12.2017 insgesamt 14.480 stationäre Einrichtungen an. Davon waren 6.167 in privater Trägerschaft, das sind 42,6 %, und 7.631 hatten gemeinnützige Träger wie z. B. AWO, Caritas, Diakonie, DPVW oder waren in öffentlich-rechtlicher Trägerschaft. Im ambulanten Bereich überwogen die privaten Träger mit 65,8 %.

> Nach einer Studie des Deutschen Instituts für Wirtschaftsforschung vom April 2018 ist die Wirtschaftsleistung im Sozialwesen um 140 % gestiegen. In der gesamten Wirtschaft waren es lediglich 40 %. Die Zahl der Beschäftigten hat sich in diesem Bereich verdoppelt, während sie in der gesamten Volkswirtschaft nur um 11 % gestiegen ist. Die Löhne im Sozialwesen erreichten aber nur etwa 60 % des durchschnittlichen Lohnniveaus in Deutschland – und das, obwohl die Nachfrage nach qualifizierten Kräften vor allem in der Pflege wächst.

Dem aktuellen Pflegeheim-Rating-Report zufolge liegt der Gewinn von privaten Pflegeheimen im Durchschnitt bei 4,7 % (2017). In Niedrigzinszeiten ein lohnendes Investment, zumal die Zahl der

Pflegebedürftigen in den kommenden Jahren um etwa eine Million Menschen zunimmt, sodass noch mehr Heime für die stationäre Pflege benötigt werden. Im Jahr 2017 haben Investoren mehr als 40.000 Pflegebetten erworben, das entspricht etwa 5 % des gesamten stationären Angebots in Deutschland. Einen Großteil der Milliardeninvestments tätigten dabei ausländische Anleger.

Der Pflegemarkt in Deutschland wächst weiter. Der Anteil der frei gemeinnützigen und der öffentlich-rechtlichen Träger sinkt, während die Anzahl großer privater Betreiber und international agierender Konzerne rasant steigt. Das zeigen die Verkäufe in den letzten Jahren. Ausländische Betreibergesellschaften haben großes Interesse am deutschen Pflegemarkt und versuchen weiterhin, sich Marktanteile in Deutschland zu sichern. Verlockend ist dabei ein stabiler Kapitalfluss, der durch den wachsenden Bedarf an Pflegeplätzen und deren Finanzierung mit staatlicher Unterstützung bzw. der Pflegeversicherung abgesichert ist. Ebenso bilden gehobene Senioreneinrichtungen mit Privatzahlern eine garantierte Belegung und sichere Gewinne.

Private Equity-Gesellschaften legen mit dem gesammelten Geld der privaten Anleger Fonds auf. Mit dem Kapital werden Anteile an mehreren Zielunternehmen gekauft, zusammen mit externen Investoren und Banken zur Kofinanzierung. Ihr Ziel sind schnelle und hohe Gewinne. Um dies zu erreichen, kaufen sie Unternehmen, treiben ihre Marktwerte durch Zukäufe, Umstrukturierungen und Rationalisierungen in die Höhe und verkaufen sie in der Regel nach drei bis sechs Jahren mit erheblichen Gewinnen weiter.

Oft gibt es eine Trennung zwischen Pflegeheimbetreibern und Immobilienbesitzern. Kleinere Betreiber werden an größere verkauft, behalten aber oft ihren alten Namen und ihre Manager. Die Konzentration der Marktmacht wird verschleiert. Die DOREA-Familie beispielsweise kauft andere Pflegeheimgruppen auf, vergrößert sich um über ein Drittel und wird zugleich selbst an eine französische Investmentgesellschaft verkauft. Die Immobilien werden mit garantierter Rendite an größere Kapitalgesellschaften veräußert, das ist Sinn und Zweck des Immobiliengeschäfts. Deshalb wechseln die Immobilienbesitzer alle drei bis sechs Jahre. Der Betreiberkonzern zahlt Pacht an den Immobilienkonzern. Beide wollen Profit aus ihren Investitionen herausholen.

Die Spitzenrendite für Pflegeheime notiert laut dem Immobiliendienstleister CBRE auch im Jahr 2019 weiterhin bei 4,75 %. Die Rendite der frei gemeinnützigen Häuser liegt bei 2,2 %. Im Jahr 2018 wurden rund 15.500 Betten auf dem Transaktionsmarkt umgeschlagen. Davon entfielen 40 %, rund 6.900 Betten, auf Übernahmen durch Betreiber mit Private-Equity-Finanzbeteiligungen. Im ersten Halbjahr 2019 wechselten gut 10.000 Betten den Besitzer. Dabei wurden nahezu 20 % von Betreibergesellschaften mit Private-Equity-Hintergrund erworben (laut Analyse der Beratungsgesellschaft Terranus).

Im November 2018 übernahm Alloheim die CMS-Gruppe. Die Übernahme erfolgte vorbehaltlich der Zustimmung der Kartellbehörden. Hinter Alloheim steht derzeit der Private-Equity-Investor Nordic Capital. Dieser hatte Alloheim zuvor vom US-Investor Carlyle erworben. Mit der Übernahme wurde die Zahl der Pflegeplätze um ein Drittel auf 21.000 vergrößert. Ebenfalls im November 2018 stieg die französische Betreibergruppe Maison de Famille (MdF) in den hiesigen Markt ein und erwarb vom Finanzinvestor Quadriga Capital rund 5.500 Betten der DOREA-Familie. Damit löste der Investor die Quadriga Capital Private Equity Fund als Hauptgesellschafter nach nur drei Jahren ab. MdF gehört zur Creadec, der Investmentgesellschaft der Mulliez-Familie, und besitzt in 35 Ländern weltweit Unternehmen in verschiedenen Dienstleistungsbranchen. MdF bewirtschaftet 84 Pflegeeinrichtungen in Frankreich, Italien und Spanien mit insgesamt 10.950 Betten. Zur DOREA-Familie gehörten in Deutschland Ende 2019 insgesamt 75 Pflegeheime mit mehr als 7.150 Betten sowie rund 1.250 ambulant betreute Patienten. Rund 5.300 Beschäftigte arbeiten fürs Unternehmen. Die Unternehmensgruppe wird nach eigenen Angaben im nächsten Jahr voraussichtlich einen Umsatz von über 250 Millionen Euro erzielen. Geplant seien weitere Zukäufe – vornehmlich von kleinen und mittelständischen, familiengeführten Unternehmen – im stationären und ambulanten Segment. Der belgische Investor Cofinimmo hat 2019 über 50 % seines Portfolios in deutschen Pflege- und Gesundheitsimmobilien angelegt. Anfang 2020 hat mit Kos S.p.A. eine italienische Betreibergesellschaft dem Finanzinvestor EQT rund 3.800 Betten des Betreibers Charleston abgekauft.

Die vier größten Investoren auf dem deutschen Pflegemarkt:
- KORIAN-Gruppe (Frankreich), mit über 25.000 Pflegeplätzen und über 22.000 Mitarbeitern in 234 Heimen, ist Marktführer in Europa und börsennotierte Aktiengesellschaft mit Sitz in Paris.
- Die Alloheim-Gruppe ist mit 20.000 Mitarbeitern in 210 Heimen ein weiterer großer Player auf dem deutschen Pflegemarkt. Die US-amerikanische Carlyle-Gruppe hat das ganze Unternehmen im Dezember 2017 für 1,1 Milliarden Euro an Nordic Capital mit Sitz auf der Kanalinsel Jersey verkauft. Nordic Capital ist eine schwedische Private-Equity-Gesellschaft.
- Pro Seniore (Deutschland) ist mit bundesweit über 120 Einrichtungen mit rund 14.000 vollstationären Pflegeplätzen und mehr als 3.000 Plätzen im betreuten Wohnen bei über 9.000 Mitarbeitern der drittgrößte Investor. Die Pro Seniore AG ist Teil der Victor's Unternehmensgruppe. Die Aktien der Victor's AG hält der eingetragene Verein »Pro Seniore«.
- Die Orpea-Gruppe (Frankreich) ist ein weltweit agierendes börsennotiertes Unternehmen mit Sitz in Paris. In Deutschland hat sie mehr als 11.000 Betten in 124 Heimen. Die Häuser tragen weiterhin ihre individuellen Namen, die in den Regionen bekannt sind.

Der größte Kostenfaktor in Pflegeheimen sind die Personalkosten. Dieser Faktor ist bei öffentlich-rechtlichen und freigemeinnützigen Trägern bei 62 bzw. 61 %. Private Träger haben ihn auf 50 % ihres Gesamterlöses gedrückt. Sie geben im Schnitt weniger für ihre festen Mitarbeiterinnen aus. Die in der Mindestpersonalverordnung vorgeschriebene Anzahl von Mitarbeitenden wird durch häufig wechselnde Leiharbeiterinnen und unausgebildete Aushilfen aufgefüllt. Die Arbeitsbedingungen und Löhne der Beschäftigten sind in den privaten Seniorenheimen in der Regel schlechter. Es gelten keine verbindlichen Tarifverträge. Heim- und Pflegedienstleitungen haben oft parallel mehrere Einrichtungen zu führen, Hausmeister sind für viele Häuser gleichzeitig zuständig. Outsourcing von Abteilungen wie Reinigung, Hausmeisterdienste oder Betreuung ist weit verbreitet.

Bei den sogenannten Sachkosten können Pflegeheimbetreiber weitere Einsparungen erzielen. Es wird etwa an den Pflegemitteln für die Bewohnerinnen und an Hilfsmitteln für die Pflegekräfte gespart. Große Betreiber zentralisieren außerdem den Einkauf der Lebensmittel, um diese kostengünstiger zu bekommen. Zum Beispiel wird in allen Heimen eines Trägers nach denselben Rezepten gekocht. Dadurch wird die Verpflegung für alle Heime auf eine festgelegte Anzahl von Produkten reduziert, die beim vertraglichen Großhändler zentral eingekauft werden, und andere Lebensmittel dürfen oft nicht vor Ort eingekauft werden.

Auf der Strecke bleiben die Menschen, die den Profiten nachgeordnet werden. Beschäftigte büßen Mitbestimmungsmöglichkeiten und Tarifverträge ein. Mitarbeiterinnen werden zu reinen Kostenfaktoren. Die Qualität der Patientenversorgung leidet unter den schlechten Arbeitsbedingungen der Mitarbeitenden und unter dem Primat der Profitmaximierung, welches den Einkauf von Lebensmitteln und die Ausstattung mit Pflegemitteln und Hilfsmitteln bestimmt. Die pflegebedürftigen Senioren müssen hohe Kosten tragen und bekommen dafür auch noch schlechte Leistungen. Dafür bezahlen die Gehaltsempfänger ihren Anteil in die Pflegeversicherung, die einen Teil der Pflegekosten übernimmt. Dieses System ist zu einem lohnenden Geschäft für die internationalen Investoren geworden.

13 Personalbedarf steigt

In der Gesundheitsversorgung muss es um Menschen und um ihre Würde gehen und nicht um Profitmaximierung. Eine qualitativ hochwertige Versorgung muss das Ziel der gesundheitlichen Daseinsfürsorge sein. Eine gut geführte Senioreneinrichtung, wie in Teil II beschrieben, ist aber nicht selbstverständlich. Es mangelt oftmals an fachlich versierten und im Umgang mit sich selbst und mit Mitarbeitern geschulten Leitungspersönlichkeiten.

Niedrige Löhne, eine hohe Arbeitsbelastung und fehlende gesellschaftliche Anerkennung haben dazu geführt, dass nur wenige in diesem Beruf arbeiten wollen. Der aktuelle Fachkräftemangel in der Altenpflege sorgt in den Heimen für katastrophale Arbeitsbedingungen, Vernachlässigung und Pflegefehler. Heute wird endlich über »Pflegenotstand« gesprochen, nachdem die Problematik im Pflegebereich jahrzehntelang in unserer Gesellschaft kein Gehör fand. Statt jedoch aus anderen Ländern dort ausgebildete Pflegefachkräfte abzuwerben, sollte man endlich die Pflegeberufe aufwerten, ihr Image verändern, ihnen die Anerkennung geben, die sie verdienen, und Arbeitsbedingungen schaffen, die ein gesundes Leben und geregelte Freizeit ermöglichen. Fast jede zweite ehemalige Pflegekraft würde in ihren Beruf zurückkehren – wenn die Bedingungen stimmten. Eine Studie des Instituts Psyma Health & CARE schätzt das Potenzial der Rückkehrerinnen auf 120.000 bis 200.000 Pflegekräfte. Als Voraussetzungen werden vor allem andere Arbeitsbedingungen (42 %), mehr Personal (36 %), bessere Bezahlung (30 %) und weniger Zeitdruck (26 %) genannt.

Hochgerechnet auf Vollzeitstellen pflegen und betreuen aktuell knapp 590.000 Fachkräfte die gesetzlich versicherten Pflegebedürftigen. Bis 2030 werden allein aufgrund der Alterung der Bevölkerung zusätzlich rund 130.000 Pflegekräfte in der Langzeitpflege gebraucht, 2030 werden es rund 720.000 Personen sein. Nach neuesten Zahlen werden im Jahr 2030 bereits 500.000 Pflegekräfte in unserem Land fehlen. Laut einer Prognose des RWI – Leibniz-Institut für Wirtschaftsforschung wird die Zahl der Pflegebedürftigen in den kommenden zwanzig Jahren um 42 % bis zu fünf Millionen Pflegebedürftige 2040 anwachsen. Dafür werden zusätzliche 378.000 Pflegeplätze in Heimen benötigt. Nun haben wir sie erreicht, die Millionenfrage. 2050 wird eine Million Pflegekräfte benötigt werden. Das hat der Pflege-Report der AOK ermittelt.

Neue Vorgaben des MDK beabsichtigen, die von den Pflegenden zu dokumentierenden Datenmengen zu verringern. Entlastung erhofft man sich durch Digitalisierung sowie durch den Einsatz von Assistenzsystemen und von Robotern in der Pflege. Digitalisierung und künstliche Intelligenz mögen einerseits bei der Überwachung und Sicherung gefährdeter Personen und bei standardisierten Abläufen in gewisser Hinsicht Erleichterung bringen. Andererseits müssen alle digitalen Systeme gewartet werden und auch ein Roboter muss gepflegt werden. Das wird eine Ausweitung technischer Berufe wie Systemadministratoren für den Bereich der Pflege erfordern. Aber Künstliche Intelligenz kann nicht die emotionalen Fähigkeiten des Menschen ersetzen, und das Wichtigste ist: Pflegearbeit bedeutet zugleich die Pflege der Beziehung zwischen Pflegekraft und Patienten. Daher kann keine einzige Pflegeperson durch einen Roboter ersetzt werden.

14 Aufgaben der Politik

Angesichts der von mir umfassend beschriebenen Problematik und neueren Entwicklungen auf dem Pflegemarkt wird deutlich, dass sich der Staat um die Daseinsvorsorge kümmern muss und die Pflege nicht länger den Marktkräften überlassen darf. Steigender Personalmangel, wachsender Pflegenotstand – in diese Sackgasse hat die Privatisierung der Pflege bereits geführt. Die Grenzen des Systems zeigt uns die Corona-Pandemie 2020 in ihrer lebensgefährlichen Dramatik. Die Politik muss jetzt die Weichen stellen und die gesetzlichen Rahmenbedingungen für die Pflegearbeit deutlich verbessern und die finanziellen Mittel dazu bereitstellen. Sie muss die Betreiber von Pflegeheimen durch einheitliche und verpflichtende Tarifverträge, allgemeingültige Personalbemessungsgrundlagen und Gesundheitsschutz in die Pflicht nehmen.

Das 2019 verabschiedete Angehörigen-Entlastungsgesetz bezweckt eine finanzielle Entlastung erwachsener Kinder. Auch die bisherige Finanzierung von Pflege durch die Pflegeversicherung ist an Grenzen der Belastbarkeit der Betroffenen geraten, die ein neues System erfordern. Sinnvoll wäre eine gesetzliche Versicherung für alle Bürgerinnen und Bürger, die Beamte und Selbstständige einbezieht. Auf den angekündigten Vorschlag des Gesundheitsministers darf man gespannt sein.

Die Ministerien sind also auf der Suche nach Antworten. Die Bundesregierung hat die Konzertierte Aktion Pflege eingerichtet. Es wurden viele Aufgaben auf die politische Agenda gesetzt. Die Bundesregierung informiert mit einem Internetauftritt namens »Pflege-Kraft«. In einem Video wird eine große Hilflosigkeit bei der Suche nach den nicht vorhandenen Pflegekräften demonstriert. Auf dieser Seite findet man die aktuellen Gesetze und die weiteren Ziele: https://www.bundesgesundheitsministerium.de/konzertierte-aktion-pflege.html.

Bei Gesprächen des Arbeitsministers mit der Gewerkschaft ver.di und dem Bundesverband der Arbeitgeber in der Pflege im Januar 2020 wurde das angestrebte Ziel eines bundesweit gültigen Tarifvertrages nicht erreicht, sondern zunächst nur ein flächendeckender Mindestlohn. Die Vertreter der privaten Einrichtungen sind gegen einen flächendeckenden Tarifvertrag. Sie wünschen sich, die Freiheit des Marktes, um ihre Gewinne aus der Pflege zu erwirtschaften. Die Übernahme privater Betreiber von Pflegeheimen in die öffentliche Hand ist ein vernünftiger Gedanke und eine zumindest in Teilen realisierbare Forderung.

In einer vom Gesundheitsministerium beauftragten Studie der Universität Bremen wurde der für Pflegeheime notwendige Pflegeschlüssel berechnet (Rothgang u. Wagner, 2019).[16] Derzeit werden im Schnitt 100 Heimbewohnerinnen von etwa 40 Pflegekräften versorgt. Das Gutachten kommt zu dem Schluss, dass eine personelle Ausstattung von 55 Pflegekräften auf 100 Bewohner angemessen ist. Hochgerechnet fehlen laut Gutachten so etwa 100.000 Pflegekräfte in deutschen Heimen (veröffentlicht im Februar 2020).[17] Diese zusätzlichen Pflegekräfte werden aktuell benötigt, um die derzeit sehr hohe Arbeitsbelastung zu senken und somit für eine vernünftige Versorgung der Heimbewohner zu sorgen (Rothgang, 2020a, 2020b, 2020c; Rothgang u. Thomas, 2019; Rothgang, 2018).

Die dringend benötigten Fachkräfte können nur gewonnen werden, wenn sich neben angemessenen Löhnen die Arbeitsbedingungen ändern. Dazu gehören: ein besserer Stellenschlüssel, kürzere Regelarbeitszeit, 5-Tage-Woche und eine verlässliche Arbeitsplanung

---

16 Die sogenannte »Rothgang-Studie«. http://www.socium.uni-bremen.de/abteilungen/gesundheit-pflege-und-alterssicherung/projekte/laufende-projekte/?proj=574&print=1« www.socium.uni-bremen.de/abteilungen/gesundheitpflege-und-alterssicherung/projekte/laufende-projekte/?proj=574&print=1
17 https://www.bibliomed-pflege.de/news/39992-36-mehr-pflegende-noetig (Zugriff am 17.07.2020).

sowie weniger Arbeitshetze und mehr Zeit für die Senioren. Dass Arbeitskräfte in der Pflege im Jahr acht Tage länger krank sind als der Durchschnitt der Arbeitnehmer, führt dazu, dass pro Jahr umgerechnet 16.000 Stellen zusätzlich vakant bleiben. Die Pflegekräfte müssen so gute Arbeitsbedingungen erhalten, dass sie nicht so oft krank werden, und sie brauchen gesunde Arbeitsbedingungen, die sich auch in einer Vollzeitstelle bewältigen lassen. Dann müssen die Pflegekräfte ihren Beruf nicht vorzeitig aufgeben, und er wird wieder attraktiv für neue Auszubildende. Ein Vorschlag, der aktuell in der Politik angekommen ist, ist die Verkürzung der Wochenarbeitszeit: Die Grünen-Chefin Annalena Baerbock fordert für die Pflege eine 35-Stunden-Woche bei vollem Lohnausgleich.[18]

15 Aufgaben von Einrichtungsleitungen

Die Sorge um die körperliche und seelische Gesundheit der Mitarbeitenden an ihrem Arbeitsplatz ist ein bedeutsamer Teil von Leitungsarbeit. Die wichtigste Voraussetzung dafür ist ein gutes Betriebsklima. Dazu gehören eine gute Arbeitsorganisation und transparente Entscheidungen. Alle Mitarbeiter sollten durch Informationen und Fortbildungen zu engagierter und selbstbestimmter Arbeit befähigt werden. Ihr Wohlbefinden sollte an erster Stelle stehen, wobei zugleich volles Engagement für das gemeinsame Ziel, das Wohl der alten Menschen, erwartet werden darf. Zudem muss der Blick von Leitungskräften geschult werden, um die im Pflegebereich weitverbreiteten Mobbingmechanismen zu erkennen und zu verhindern. Die Belastungen im Pflegebereich treffen auch die Familien und Freunde

---

18 https://www.finanznachrichten.de/nachrichten-2020-03/49039072-gruenen-chefin-baerbock-fordert-35-stunden-woche-in-der-pflege-bei-vollem-lohnausgleich-007.htm.

der Pflegenden. Gute Führungskräfte tragen damit indirekt auch zu einem gesunden familiären und privaten Umfeld bei.

Aber durch den wirtschaftlichen Druck bekommen die Heimleitungen enge Vorgaben und immer weniger eigene Gestaltungsmöglichkeiten. Dennoch sollten Leitungen den im Gewinnstreben begründeten Druck nicht an die Mitarbeiterinnen weitergeben und damit die Spirale von Krankheiten und Mobbing anheizen. Sie sollten sich vielmehr bei ihren Vorgesetzten und Trägern der Einrichtung für einen besseren Personalschlüssel und bessere Arbeitsbedingungen und Bezahlung in ihrer Einrichtung einsetzen und konkrete Projekte vorschlagen. Die humanen Werte sind der innere Maßstab, um sich für gute Arbeitsbedingungen der Mitarbeiter und damit für eine gute Qualität der Pflege und zufriedene Pflegekunden und Angehörige einzusetzen.

Wenn Mitarbeitende von ihrer Vorgesetzten geschätzt und ernstgenommen werden, wenn sie vor Überarbeitung geschützt werden, wenn sie einen Sinn in ihrer Tätigkeit sehen, wenn sie sich gut mit ihren Kollegen verstehen und ihre Arbeitseinteilung gut absprechen – dann gehen sie gern zur Arbeit und können dabei Engagement und Kreativität entwickeln.

Mitarbeiterinnen, die sich wohlfühlen, haben weniger Fehlzeiten durch Krankheit und wechseln seltener ihren Arbeitsplatz. Sie können ein stabiles und engagiertes Team entwickeln und ihre Leitung optimal unterstützen.

> Langfristig und nachhaltig ist eine Einrichtung auch wirtschaftlich erfolgreich, wenn sie sozialen Zielen dient und die Mitarbeitenden die an den Bedürfnissen der Senioren ausgerichtete fachgerechte Pflege und Betreuung durch ihre reibungslose Zusammenarbeit und ihr persönliches Engagement garantieren. Menschlichkeit muss in der Altenpflege vor dem Profit der Investoren stehen.

Am Ende

Quellen

Für dieses Buch habe ich seit 2018 regelmäßig die folgenden Informationsdienste ausgewertet:
- Newsletter ALTENHEIM für den Pflegebereich (Vincentz Verlag, Hannover)
- Newsletter CareInvest für die Pflegewirtschaft (Vincentz Verlag, Hannover)
- Newsletter PPM PRO PflegeManagement (Verlag der deutschen Wirtschaft, Hannover)

sowie die Zeitungen:
- Mitgliederzeitung PUBLIK der Gewerkschaft ver.di
- Pharmazeutische Zeitung

Literatur

Barthel, H. (2017). WISO-Tipp: Betreuungskräfte aus dem Ausland. https://web.archive.org/web/20171108215003/https://www.zdf.de/verbraucher/wiso/pflegekraft-aus-dem-ausland-worauf-sie-achten-sollten-100.html (Zugriff am 15.05.2020).

Bauer, J. (2005). Warum ich fühle, was du fühlst. Intuitive Kommunikation und das Geheimnis der Spiegelneurone. Hamburg: Hoffmann und Campe.

Bauer, J. (2008). Prinzip Menschlichkeit: Warum wir von Natur aus kooperieren (aktual. Taschenbucherstausgabe). München: Heyne.

Bode, S. (2012). Die vergessene Generation. Die Kriegskinder brechen ihr Schweigen (6. Aufl.). München/Zürich: Piper.

Böhm, E. (2004). Verwirrt nicht die Verwirrten. Neue Ansätze geriatrischer Krankenpflege. Köln: Psychiatrie Verlag.

Charleston Holding (2018). Osteuropäische Betreuungskräfte kontra deutsche Pflegepolitik. Deutsch-polnische Wissenschaftseinrichtung der Universitäten Cottbus und Breslau stellen Faktenbuch in Berlin vor. https://www.presseportal.de/pm/127419/4028704 (Zugriff am 15.05.2019).

DEGAM – Deutsche Gesellschaft für Allgemeinmedizin und Familienmedizin (Hrsg.) (2017). Multimorbidität. S3-Leitlinie. AWMF-Register-Nr. 053–047. DEGAM-Leitlinie Nr. 20. Berlin: DEGAM. https://www.degam.de/files/Inhalte/Leitlinien-Inhalte/Dokumente/DEGAM-S3-Leitlinien/053-047_Multimorbiditaet/053-047l_%20Multimorbiditaet_redakt_24-1-18.pdf (Zugriff am 08.06.2020).

Feil, N., de Klerk-Rubin, V. (2017). Validation – ein Weg zum Verständnis verwirrter alter Menschen (11. Aufl.). München/Basel: Ernst Reinhardt.

Geiger, A. (2012). Der alte König in seinem Exil. München: dtv.

Hüther, G. (2017). Raus aus der Demenz-Falle! Wie es gelingen kann, die Selbstheilungskräfte des Gehirns rechtzeitig zu aktivieren (2. Aufl.). München: Arkana.

Kitwood, T. (2013). Demenz. Der person-zentrierte Ansatz im Umgang mit verwirrten Menschen (6. Aufl.). Bern: Hans Huber.

Leicher, B., Becker, B. (2013). Die Demenzfibel. Demenz verstehen und richtig handeln. Bonn: VNR Verlag für die Deutsche Wirtschaft.

MDS – Medizinischer Dienst des Spitzenverbandes Bund der Krankenkassen (Hrsg.) (2019). Menschen mit Demenz – Begleitung, Pflege und Therapie. Grundsatzstellungnahme. Essen: MDS. https://www.mds-ev.de/fileadmin/dokumente/Publikationen/SPV/Grundsatzstellungnahmen/_19-12-04_MDS_GS_Menschen_mit_Demenz_12-2019_BF.pdf (Zugriff am 08.06.2020).

Mühlig, A. (2014). Minutenbunt. Fluch und Gnade des großen Vergessens. Berlin: Nicolai Verlag.

Open Petition (2017). Pflege in der Not. Sie müssen handeln. Jetzt! https://www.openpetition.de/petition/online/pflege-in-not-sie-muessen-handeln-jetzt (Zugriff am 15.05.2019).

Palesch, A. (2019). Pflegebedürftigkeit. Ein Leitfaden für Angehörige. Stuttgart: Kohlhammer.

Rothgang, H. (2018). Einheitliche Bemessung. Personalbedarf in Pflegeeinrichtungen. ersatzkasse magazin, 98 (3/4), 27–29. https://www.vdek.com/magazin/ausgaben/2018-0304/personalbemessung.html (Zugriff am 17.07.2020).

Rothgang, H. (2020a). Pflegepersonalbemessungsinstrument für stationäre Langzeitpflege. ersatzkasse magazin, 100 (2). https://www.vdek.com/magazin/ausgaben/2020-02_corona/personalbemessung.html (Zugriff am 17.07.2020).

Rothgang, H. (2020b). Neu aufgeschlüsselt. Altenheim, 59 (4), 16–21.

Rothgang, H. (2020c). Personalbemessung im stationären Sektor – auf dem Weg zum bedarfsorientierten Pflegepersonalmix. Bpa Magazin,

2020 (1), 1–6. https://www.bpa.de/fileadmin/user_upload/MAIN-dateien/BUND/bpa_Magazin/bpa_Magazin_1-2020_Internet.pdf (Zugriff am 17.07.2020).

Rothgang, H., Kalwitzki, T. (2019). Passendes Personal für spezifische Bedarfe. Altenpflege, 44 (6), 30–33.

Rothgang, H., Wagner, C. (2019). Quantifizierung der Personalverbesserungen in der stationären Pflege im Zusammenhang mit der Umsetzung des Zweiten Pflegestärkungsgesetzes. Expertise für das Bundesministerium für Gesundheit. https://www.bundesgesundheitsministerium.de/fileadmin/Dateien/5_Publikationen/Pflege/Berichte/Abschlussbericht_Quantifizierung_der_Personalverbesserungen.pdf (Zugriff am 17.07.2020).

Sprenger, R. (1999a). Mythos Motivation. Wege aus der Sackgasse (16. Aufl.). Frankfurt a. M.: Campus.

Sprenger, R. (1999b). Das Prinzip Selbstverantwortung. Wege zur Motivation (10. Aufl.). Frankfurt a. M.: Campus.

Statistisches Bundesamt (2018). Pflegestatistik. Pflege im Rahmen der Pflegeversicherung. Deutschlandergebnisse 2017. https://www.destatis.de/DE/Themen/Gesellschaft-Umwelt/Gesundheit/Pflege/Publikationen/Downloads-Pflege/pflege-deutschlandergebnisse-5224001179004.pdf?__blob=publicationFile (Zugriff am 15.05.2020).

Süddeutsche Zeitung (2018). Beilage vom 24. März 2018. München: Süddeutsche Zeitung.

Techniker Krankenkasse (Hrsg.) (2019). Gesundheitsreport TK 2019. Pflegefall Pflegebranche? So geht's Deutschlands Pflegekräften. Hamburg: TK. https://www.tk.de/resource/blob/2066542/2690efe8e801ae-831e65fd251cc77223/gesundheitsreport-2019-data.pdf (Zugriff am 05.05.2020).

Wicke-Schuldt, B. (2017a). Wie man Mobbing verhindert. Altenheim, 56 (6), 46.

Wicke-Schuldt, B. (2017b). Die kostbaren Schätze hüten. Altenheim, 56 (9), 46.

Wicke-Schuldt, B. (2018a). Das Einzugsgespräch: Wie Sie neuen Bewohnern die Ängste nehmen. Altenheim, 57 (7), 50.

Wicke-Schuldt, B. (2018b). Systemisch leiten im Sozial- und Gesundheitswesen. Stuttgart: Kohlhammer.

Wicke-Schuldt, B. (2019a). Lange Schatten einer schweren Kindheit: Die Schädigungen der Kriegskinder. Altenheim, 58 (3), 56.

Wicke-Schuldt, B. (2019b). Mitarbeiterführung: Beziehungen im Mittelpunkt. Care Invest, 2019 (10), 8.

Wicke-Schuldt, B. (2019c). Mitarbeiterführung: Motivation erfolgreich fördern. Care Invest, 2019 (17), 8.

Wicke-Schuldt, B. (2019d). Wirtschaftlichkeit in der Pflege: Kommunikation entscheidet. Care Invest, 2019 (21), 8.

Zwack, J., Bossmann, U. (2017). Wege aus beruflichen Zwickmühlen. Navigieren im Dilemma. Göttingen: Vandenhoeck & Ruprecht.

Die Autorin

Borghild Wicke-Schuldt hat im Lauf ihres Berufslebens in verschiedenen Arbeitsfeldern hauptsächlich mit Senioren zu tun gehabt. Seit Ende der 1970er Jahre verfolgt die Diplom-Pädagogin die Entwicklung im Seniorenbereich. Nebenberuflich gab sie Unterricht an Altenpflegeschulen. Mit einer Ausbildung als Systemische Familientherapeutin hat sie 1989 die Leitung einer Senioreneinrichtung übernommen und dieses Haus 25 Jahre lang geführt. Weiterbildungen hat sie im Bereich der Organisationsentwicklung und bei der IGST und der Milton Erickson Gesellschaft absolviert. Sie hat ihre Kenntnisse aus der Systemischen Therapie in ihrer Einrichtung bei der Führung der Mitarbeiterinnen und Mitarbeiter, der Beratung der Senioren und Angehörigen und bei der organisatorischen Entwicklung praktisch umgesetzt. Ihre Leitungspraxis hat sie mit der systemischen Theorie verknüpft und in ihrem Fachbuch zum Thema »Systemisch leiten im Sozial- und Gesundheitswesen« (Wicke-Schuldt, 2018b) veröffentlicht. Heute ist sie selbstständig tätig als Dozentin, Autorin und Coach: www.besserleiten.de.